JN222673

現代保育内容研究シリーズ

現代保育と教育の理論と実践

現代保育問題研究会 [編]

一藝社

現代保育問題研究会・趣意書

　現代保育問題研究会（以下、本会という）は、子ども・保育・教育に関する現代的な諸課題・諸問題に深い関心を持ち、その課題に取り組み、問題を解決しようとする有志によって構成される会である。

　現代は、過去と比して、子どもを育てる親・保育者・教育者にとって決して育てやすい環境とはなっていない。むしろ、確固たる信念を持ち、明確な子ども観、保育の思想、教育哲学を持たなければ、時代の悪しき潮流に容易に流される危険な状況にあるといえる。

　日々世間をにぎわす世界的な諸問題、例えば、政治経済問題、国際問題、人権問題等の教育への影響などは、保育者や教育者に、様々な、また深刻な諸課題をつきつけているといわざるを得ない。

　わが国においては、こうした諸課題に応えるため、学習指導要領、幼稚園教育要領、保育所保育指針などが公布・実施されている。しかし、保育者・教育者は、こうした方針・施策にただ盲従するだけでは、保育者・教育者としての使命を全うすることはできない。つまり私たちは、自身で各種課題、また様々な方針・施策に対する確固たる見方・考え方、つまり「哲学」を持ち、現実の諸課題に取り組まなくてはならないのである。

　本会では、このような現下の教育・保育に関する諸課題の解決に関心のある人々に対して、広く門戸を開くものである。

　本会の目的は、こうした有志のために、積極的かつ建設的な提言を発する場を提供し、その提言を広く世間に公表するのを支援することにある。とりわけ本会は、極めて重要な価値を持ちながら、公表・発信する機会に恵まれない論考の公開を、積極的に支援することを最大の使命と

している。

　この目的・使命にしたがい、本会では、偏狭な視野、また極めて特殊な政治的・宗教的信条に基づく見解を持つものを除き、本会の趣旨に賛同する者を、特段の手続きを経ずに、会員とみなすこととする。

　本会は、上記の目的を達成し、その使命を遂行するために次の事業を行う。

1．各種の調査研究
2．教育実践の推進
3．研究会等の開催
4．刊行物の発行支援
5．その他、本会の目的達成に必要な事業

　本会の所在地は、東京都新宿区内藤町1-6　株式会社一藝社内にあり、同所に事務局を置く。本会は理事発議により、必要に応じて会議を開き、重要事項（事業計画、事業報告、担当人事その他）を審議する。

　なお、本会の理事は別紙のとおりである。　（平成30年3月1日起草）

（別紙）

現代保育問題研究会・理事（順不同）

谷田貝公昭　　目白大学名誉教授（理事長）
中野由美子　　元目白大学教授（副理事長）
石橋哲成　　　玉川大学名誉教授（副理事長）
大沢　裕　　　松蔭大学教授
髙橋弥生　　　目白大学教授
藤田久美　　　山口県立大学教授
中島朋紀　　　鎌倉女子大学短期大学部教授
福田真奈　　　関東学院大学准教授
瀧口　綾　　　健康科学大学教授
野末晃秀　　　松蔭大学准教授・中山幼稚園園長

まえがき

「難しいことをやさしく
　やさしいことを深く
　深いことを愉快に」

　私が敬愛してやまない作家は、文章をしたためる時に上記の言葉を目前に貼り付け、つねに忘れないようにして執筆していた。難しいことを自分の知識をひけらかしながら、こねくり回し複雑に難解に記すことは誰にでもできる。それを誰が読んでもわかりやすく書くことが、どれだけの知恵と工夫が必要かは言うまでもないだろう。

　さらにそこにはありきたりの事実だけではなく、それを深く掘り下げた独自の思考や方法が込められていなければあえて新しい文章を記す意味はない。そしてそのようなやさしいながらも深く、といった一見二律背反にもみえる文章が、それを読み続けたくなるような楽しさと面白さに満ちていなければ、誰も読み進めようとは思わないだろう。

　とあえて長々と記させていただいたが、なんでこんなことを今回の前書きで述べたかと言えば、保育・教育の場において何かを実践するとき、あるいは保育・教育関連の書籍に必要なことも最初に述べたことなのではないかと、常々思っているからである。

　昨今、わが国の教育現場では、少子化による学級経営への影響、複雑かつ厄介な情報化による混乱、保育者・教師を目指すものの減少、などなど抱えている問題は山積している。それはもちろん我が国の抱えている問題でもあることは言うまでもないが、少し考えただけでも私たちが

直面している現代社会は、重く深刻な状況下にあることは確かである。

　昔、といっても25年ほども時間を巻き戻せば、未来は明るく希望にあふれていたという時間が確かにそこにはあったはずである。保育者も教師もそこに学ぶ者たちに、未来は薔薇色だから、と堂々と胸を張って主張し教えていくことのできる空気と環境に満ちあふれていたと思う。それがたった四半世紀ほどでどうしてこうも難解で重く深刻な問題にあふれた世の中になってしまったかそれも問題ではあるが、そんな今の日本において、「あえて」保育・教育の世界に生きよう、あるいはこれから自ら進もうという者たちにとっては決して楽観的なだけでは許されない状況となっている。

　だからこそ、私たちは少しでもそんな世界に明るさと希望と楽しさを少しでも生み出し、そこに生きる者たちが胸を張り、自分の行っていることが必ず未来に一筋の光明を指していくことができるようにと、迷いなく信じながら歩んで行きたいではないか。

　本書が保育者を志す者の背中をそっとやさしく押し、保育の現場に従事する者の力強い糧となることを願って。

2024年11月

編者　現代保育問題研究会

現代保育内容研究シリーズ9
現代保育と教育の理論と実践 ●もくじ

第1章　発達からみる子どもの歌唱活動とその援助

第1節　表現と活動の支援

1　表現と「声」

　私たちは、言葉や表情などで色々な気持ちを表しながら他者とコミュニケーションをとっています。これは生きていく上で切り離せないことです。生きることはそれ自体が表現することと言い換えることができます。つまり、表現することは人間の発達に必要不可欠なことなのです。表現する経験は生きる力を身に付けていくことにもつながります。

　人は何かに驚き、感動したことで声をあげることがあります。「何か」を伝えるための声、それが表現の芽です。言葉を話すことができない乳児の「表現」といえば、泣くことです。誕生した直後から泣き声を発します。そして、数か月のうちに泣き声に変化を見せます。要求によって泣き声を変化させ、ミルクが欲しいのか、抱っこして欲しいのかなどを大人に対して理解させるようになるのです。

　幼児も様々な表現手段を習得することで、自分の気持ちを表現することができるようになります。そのためには自由に表現できる環境が大切です。自分の気持ちを表現することで周囲の大人に対して「受け入れてもらえている」と感じることで喜びにつながり、さらなる表現への意欲につながります。子どもが大人の表現も受け止められるようになると、相手の気持ちがわかるようになり、つながりを感じることで、それがやがて信頼感へと変わっていくのです。

このように、表現の方法や相互作用に親しむ経験を積み重ねていくことで、感じたことや考えたことをいっそう豊かにしようとする意欲が育まれていきます。

2　保育および幼児教育における音楽の位置づけ

　「幼稚園教育要領」、「保育所保育指針」、「認定こども園教育・保育要領」（以下、三法令）において、「表現」は、直接的に具体的な音楽の扱い方や目標などが記されているわけではありません。あくまで幅広い意味での「子どもの表現」を基本として、その中の特にまとまりを持った“表現行為”として音楽が位置づけられているという捉え方をする必要があります。三法令には、領域「表現」の目的について以下のように明記されています。

　　感じたことや考えたことを自分なりに表現することを通して、豊かな
　　感性や表現する力を養い、創造性を豊かにする。

　この文章の主語はあくまで「子ども」であり、子どもが感じたこと、考えたことが起点となっています。保育者には子ども自身が何を感じて、どう考えるかを尊重しながら、主体的に表現活動に取り組む中で、これらを養いながら豊かな育ちを支援することが求められているのです。
　保育所保育指針の中では「豊かな感性と表現」について以下のように示されています。

　　心を動かす出来事などに触れ感性を働かせる中で、様々な素材の特徴
　　や表現の仕方などに気付き、感じたことや考えたことを自分で表現し
　　たり、友達同士で表現する過程を楽しんだりし、表現する喜びを味わ
　　い、意欲をもつようになる。

また、幼保連携型認定こども園教育・保育要領の中では以下のように示されています。

　様々な出会いや体験を通して、たくさんの喜びや感動、驚きなどを味わうことで感性は豊かになり、子どもは何かを表現したいと感じるようになる。

　領域「表現」において示された「内容」は、子どもが環境に関わって展開する具体的な活動を通して総合的に体験しなければなりません。子どもが"心で感じるような体験"をすることで、自分の思いや感じたことを何らかのイメージで自分なりの表現手段で外に表すようになります。どのような体験を子どもにさせるのかは、保育者にかかっているのです。

3　音との「出会い」〜体験から学習へ〜

　子どもにとって、心が動かされる出来事を体験することはとても重要です。その一つが「音」の発見であり、音との出会いです。子どもは家庭や園生活の中で様々な音を発見し、出会い、感動を体験しています。集団遊びになると友だち同士で相談したり、共有したりしながら表現する過程を楽しんでいきます。
　保育と幼児教育は「環境を通して行うもの」という前提があります。環境の中で主体的に育つ子どもの様子を、五つの領域（健康・人間関係・環境・言葉・表現）の視点・観点から確認し、これに基づきながら子どもたちにとって適切な環境を整えることが求められています。音に対する興味関心や愛好が、子どもと音楽の出会いであり、出発点といえます。
　保育者は子どもの様々な「育ち」を大切にしながら、子どもたちが表現する過程を支援する必要があります。子どもたちが安心して何かを感じ取り、楽しみ、挑戦しながら表現できるような環境を整える（作る）ことがその役割なのです。子どもたちの内に生じる思いやイメージを大

切にすることは、今日の保育の基本姿勢ともいえます。

　美しいものや優れたものなどに出会い、感動し、それらを友だちや保育者と共有したり、様々な表現活動の相互作用によって気持ちを共有したりすることは、自立や主体性の基となる非認知能力を育てる可能性を持っています。子どもは興味や関心に基づいた遊びを通して、心身全体を働かせながら、様々な体験の中で心身の調和のとれた発達の基礎を築いていくのです。

4　保育者に必要な「音楽観」と技術

　保育者に必要なのは、「開かれた」音楽的感性です。そのためには「音楽はこういうものである」という決めつけをしないことが大切です。保育者自身が狭い音楽観しか持ち合わせていなければ、子どもの多様な表現を受け止めることはできません。

　後述しますが、日々の様々な場面において、子どもの音楽表現の発芽に出会うことは多々ありますが、保育者に感性がなければ、それが音楽的な表現であることさえも気が付かなかったり、見落としてしまったりすることにつながっていきます。子どもたちの様々な表現方法に気が付けるように援助していくことが何よりも大切です。

　表現の価値はその過程における主体的経験であるとも言えます。子どもが表現活動に関わることで感性が豊かに育まれるため、保育者は、「表現できてよかった」と実感させられるような実践を心がける必要があります。そのためには不断の努力によって、保育者としての望ましい音楽的な関わりと子どもの発達を促す役割を考えながら、活動内容を工夫することが求められます。これには子どもが経験する遊びや、活動内容の指導上の留意点を学ぶこと、音や音楽を使った「遊び」のレパートリーを拡充するなど多くの援助技術を習得することを忘れてはいけません。

第2節　「声」の発達と学習のメカニズム

1　声のしくみ

　言葉や会話の発達を理解するためには、声が出るしくみや喉の構造などを知ることがとても大切です。声を出すためには、肺から空気を送って喉を通じて、口の周りにあるたくさんの筋肉を細かいタイミングで瞬間的に動かし、次の四つも瞬間的に働いています。これらは極めて複雑で微妙な調節によるものです。
・横隔膜や肋間筋などを使って肺から空気を送る（呼吸）
・声帯（声門）を閉じる（声帯振動）
・軟口蓋を動かして鼻腔に抜ける空気の通り道を塞ぐ（共鳴）
・舌や唇を動かす（構音）

（1）呼吸

　発声と呼吸は密接に関係しています。息を吸うことで肺に空気が満たされ、この「空気」によって声が作られますが、息そのものには音がありません。これを振動させて響かせることで音となり、声になります。なお、肺には筋肉がないため、後述する筋肉群を結集して働かせています。息を吸うことを「吸気」、息を吐くことを「呼気」といいます。
①　吸気筋群
　吸気では主に次の筋肉が同時に働いています。
・横隔膜
・斜角筋
・外肋間筋
・胸鎖乳突筋
②　呼気筋群
　呼気では主に次の筋肉が同時に働いています。

・腹筋（腹直筋、腹横筋、外腹斜筋、内腹斜筋で形成される帯状の腹壁）

・内部肋間筋

・横隔膜

　なお、横隔膜は吸気と呼気の両方で働きますが、あくまで主となるのは吸気となります。

③　歌唱時の呼吸

　話声と歌声では筋肉の運動量が大きく異なります。話声の際は平常時（安静時）呼吸をしていますが、歌唱時は呼気の量と速さを変化させなければなりません。また、歌唱時は平常時とは比較できないほど呼気の調整が必要になるため、意識的に呼吸を不規則にする必要があります。歌唱時の呼吸は、平常時呼吸とは違った呼吸のリズムなのです。具体的には、呼気と吸気の長さが大きく異なります。長いフレーズを歌うこともあるため、歌唱時では呼気の方が圧倒的に長くなります。一般的に「腹式呼吸」と呼ばれることの多い呼吸法です。これは歌唱が呼吸行為の一要素になっていることの根拠でもあります。

（2）声帯振動

　声帯は喉（正確には「喉頭」といいます）の中に左右一対あるヒダ状組織で、筋肉と粘膜で構成されています。声帯のある部分を「声門」といい、それより上を声門上、下を声門下といいます。声を出すときは、声門が閉鎖されることによって呼気流（粗密波）が周期的に出現し通過することで、声帯が振動します。この振動によって「喉頭原音」が生じます。これは音声の「素」とも言い換えることができます。

　なお、発話時の声帯振動は１秒間に100回から300回といわれています。

（3）共鳴

　喉頭原音の音量は極めて小さく、音声にするにはこれを拡張することが必要となります。これを「共鳴」といい、「声道」が大きく関与して

います。声道とは声門から唇および鼻孔の開口部までのことです。具体的には咽頭腔、口腔、鼻腔をいいます。わかりやすく言えば、人間の声は管楽器のような構造になっているのです。唇や舌、軟口蓋などを駆使することで声道の形状を様々に変化させることができます。これによって喉頭原音が増幅・拡張（共鳴）され、はじめて"声"となります。

（4）構音

　言語音を作ることを構音（調音）と呼び、これは声道で行われます。

① 母音

　母音は顎、舌、唇などを動かすなどして咽頭部と口腔の形状を変化させる（実際には鼻腔への開閉も含めて色々と組み合わせることによって行われる）ことで作られますが、主として「舌の位置」によって決定され形作られます。会話の際、相手の唇の動きに注目することがありますが、これは舌と唇が連動して動くからです。日本語の発声では口の形で指導をすることが多いのですが、こうすることで、舌の位置が正しい場所に来るからといわれています。

② 子音

　子音は唇や舌、軟口蓋など口腔内の呼気を利用するなど微細な動きで形作られています。わかりやすい例として「さ」と「ぱ」を実際にゆっくりと発音してみましょう。

　「さ」の場合は発音する前に歯や舌で細かい隙間を作り、そこを空気が通っていくのを感じると思います。小学校に上がるまでにサ行が発音しづらい子どもが多くいるといわれていますが、それは歯の生え替わりの時期によるもので、特に前歯が抜けているとそこから空気が抜けてしまうために発音することが難しいのです。

　「ぱ」の場合は唇を軽く閉じ、発音する前に一度息を止め、口を開ける瞬間に溜めていた空気が抜けていきます。

2 声と言葉の発達

　声には高い声や低い声、やわらかな声や怒鳴り声など様々な種類があります。先述の通り、人が声を出して「話す」ということは、発声に関わる数多くの細かい筋肉群を、細かくスピーディにコントロールしていることです。声を出さないということは、発声のための筋肉を使わないことでもあります。筋肉は動かすことによって発達していくものです。発声は筋肉の働きによるものですので、子どもの段階では未発達の部分や不完全な状態であることは容易に想像できると思います。では、声や言葉はどのようにして発達していくのでしょうか。

（1）胎児期

　生まれた時、新生児は、すでに特定の音に対して反応することができるといわれています。また、母親の声を区別することができることもわかっています。胎児の頃に、母親の話し言葉によるリズムや歌などを聞き取っているのかもしれません。子どもは産まれてから周囲の声を音として聞くことによって学習し、言葉の使い方を覚えていくといわれています。言葉は生後の早い段階で聞き慣れ、使うことによって、より使いやすく身に付きやすくなるのです。

（2）0か月～

　乳児は、要求があれば泣きますが、要求の種類による声の区別はまだありません。この時期は気道や口が未発達のため、複雑な声を出すことができないのです。成人のように口の中で舌を動かして声を出すことができません。大人は何かを飲みながら息をすることができませんが、乳児の喉頭は構造そのものが大人と異なるため、ミルクを飲みながら呼吸をすることができるのが特徴です。

（3）3か月〜

　要求の種類によって泣き声が変化してくるのがこの時期です。人の顔を見て微笑んだり、うれしいときなどに「アー」、「クー」などの「クーイング（cooing）」と呼ばれる音が出現されるようになります。

（4）6か月〜

　「パ（p）行」、「バ（b）行」、「マ（m）行」などの「バブリング（babbling）」が出現してくるようになるのがこの時期です。自発的に様々な音声を発したり声を出して笑ったりして、感情を声で表現できるようになる時期です。「ガーグリング（gurgling）」という、非反射的に喉を鳴らすような音を出すこともあります。

（5）1歳〜

　この時期から気道や口腔は成人に近い構造になります。発声器官が変化する最初の「変声期」といえる時期です。舌を動かして声を出すことができるようになり、母音や子音が出せるようになります。これに伴い、発音できる言葉の種類が急激に増加します。バブリングは時間の経過とともに単一の音から「まま」や「ぱぱぱ」、「あまま」など2音以上になり、反復した子音ないし母音の組み合わせが出てくるようになります。これらは万国共通の傾向だといわれています。また、いくつかの音声を「模倣」することができるようになるのもこの時期の特徴です。その影響からか、リズムに合わせて身体を上下左右に動かしてリズムをとろうとするようになります。

　乳児が発する意味のない発音を総じて「喃語」と呼びます。喃語の出現からしばらくすると、「まんま」や「わんわん」などの非重複性の喃語となり、12か月ほど経つと「初語」が出現するようになります。

（6）2歳～

　使える単語が増え、大人に対して簡単な質問をするようになる時期です。これに伴い、色々な発音ができるようになります。簡単なメロディを口ずさめるようになるのもこの時期の特徴で、聞き慣れた遊び歌や童謡などを断片的に、やがて全体を覚えて「歌う」ことができるようになります。

（7）3歳～

　「カ（k）行」、「ガ（g）行」、「タ（t）行」、「ダ（d）行」、「ナ（n）行」が発音できるようになります。欲しいものを言葉で表現したり、身の回りの物の名前がわかるようになるのもこの時期です。また、文章で喋れるようになるのも特徴です。

（8）4歳～

　4個以上の単語を使った文章を喋るようになります。また、音節を繰り返したり、単語を繰り返したりしないで話せるようになります。

（9）5歳～

　この時期になると、一つの話題について物事を詳しく話したり説明できるようになります。「ラ行」、「サ行」、「ザ行」以外は大体発音できるようになるのも特徴です。ほとんどの場合、この時期までに基本的な文法などを理解し、使いこなせるようになるといわれています。そして、言葉の発達に比例するかのように、歌うことを楽しむようになるのもこの時期の特徴です。歌いながら体を動かしたり、動きを伴って歌うこともできるようになっていきます。

3 言語の発達

（1）言葉の獲得

　喃語が出現する1歳前後から「バブ」や「バワ」など異なる母音ない
し子音の音節が発声され、周囲の大人が話す言語に似た発話のような音
声が発されることがあります。乳児なりに発音のための試行錯誤をして
いるのかもしれません。

　ここで最も重要なのは、発した喃語に対して大人（養育者）が何らか
の反応をすることです。乳児が言葉を獲得する上で最も必要なことは大
人が話しかけることだといわれています。逆に言えば、子どもが誰も喋
らないような環境に長く滞在することになれば、その子どもは大人に
なっても話すことができないでしょう。また、ある単語を覚えて発声し
たときに相手から反応がないときは、その単語を使わなくなるといわれ
ています。子どもなりに「これを言っても意味がない」と思ってしまう
からです。大人からの声かけや何らかのリアクションは乳児にとっては
非常にうれしいことであり、言葉の学習の促進につながります。乳幼児
の学習は、誰かにパターンなどを教えられるのではなく、自分の経験に
基づいて主にトライ＆エラーを繰り返して学習するといわれています。

（2）感情と言葉

　感情は生来的なものではなく、物事の経験を通して、「記憶と一緒」
に学習されるものです。喃語を例にすると、子どもは子どもなりに行動
（＝ここでは喃語の発声）の結果（＝大人の反応）、起こったことに対す
る感情（＝「うれしい」または「何も反応がない」など）を自分の中で
記憶し、学習していきます。つまり、話すことに感情を上手に組み込む
ことで言葉の獲得は、より促進されるのです。そのためには、周囲の大
人はうれしい、悲しいなどを少し大げさに、感情を込めて子どもに話す
ことが大切です。自然に感情と言葉を結びつけることが重要となります。

子どもが自分の要求や不満を他人に伝えることを学習するにはこのような背景があるため、発声機能の発達はもちろん、言葉の学習や内面（精神）の発達とコミュニケーションの向上にも関係してきます。

　発音の悪さが問題行動に発展することも報告されています。要求を直接言葉で伝えることができないため、気を引くために物を投げたり癇癪<ruby>癇癪<rt>かんしゃく</rt></ruby>を起こしたりする方法を採ることがあります。その場合は正しい発声や発音の仕方を丁寧に教えることで支援できる可能性があります。

第3節　子どもの歌唱活動

1　歌唱活動の意義

　園生活の中で歌う意義はたくさんあります。保育者がどのような「ねらい」をもって実践していくかに左右されますが、基本的な事項としては音楽に合わせて発声する心地よさを味わうことにあると考えられます。楽しみながら歌うことを通して子どもたちの情操を育むための働きかけができることはもちろん、歌詞を丁寧に発音することで構音機能を整え、それが言語発達を促すことにつながります。

　歌に込められた情景や心情を味わうことも音楽の大切な側面です。園生活の中で歌う活動は様々な場面で想定されます。保育者は子どもにとって最善な援助方法について考え、そのための実践力を磨いていかなければなりません。なぜなら、子どもたちの豊かな感性と表現を育むためには、保育者として子どもたちが表現の過程を楽しめる援助ができるような音楽的な技術が必要だからです。

　子どもが歌を覚える過程は、言葉を覚えるのと同様で耳から「聴いて」覚えます。保育者の声を聴いて少しずつ歌を覚えていき、少しずつ全体を通して歌えるようになるのです。

ピアノが苦手な保育者によくあることですが、ついつい弾くことに一生懸命になってしまって歌声が小さくなりがちです。小さい声だと、歌詞が聴き取りにくいのはもちろんですが、これでは決して楽しい歌唱活動にはなりません。子どもは保育者の声を聴いて模倣しながら歌を覚えていくため、ピアノよりもまずは保育者自身がしっかりと堂々とした声で歌うことが大切です。ピアノが上手な保育者よりも、歌が上手な保育者の方が子どもは楽しく活動ができるといっても過言ではありません。

2　選曲について

　子どもは身体とともに発声器官が未発達な状態にあるので、選曲については無理のない声域と発達状況に配慮された楽曲を選ぶことが大切です。

　筆者は以前、子どもの歌における難易度の基準を国家試験である保育士試験の課題曲と仮定し、過去10年分の課題曲（合計20曲）についてその特徴を調査しました。その結果、最も多い調性はニ長調（35％）で、次にハ長調（25％）とヘ長調（25％）でした。メロディの進行（音程）については完全１度が最も多く、次に２度、３度と続きます。半数以上の楽曲には５度も使用されていましたが、６度以降になると極端に使用されなくなることもわかりました。また、課題曲の平均的な音域については１オクターヴ半でした。

　子どもの歌に関する研究はこれまでいくつか行われていますが、乳幼児の声域は１オクターヴ程度とする見方がおおよその共通理解となっています。それを超える音域の楽曲を選ぶ場合は十分に注意する必要があります。

3　子どもの歌について

　歌を用いた保育実践は、それ自体がコミュニケーションツールであり、子どもたちの園生活の中で発達や育ちの援助に有効的であることはこれ

まで述べてきました。子どもたちは、毎日、保育者や同じクラスの友だちと一緒に様々な歌を歌っています。では、子どもの歌にはどのような特徴や種類があるのでしょうか。

（1）わらべうた

① わらべうたの特徴

「わらべうた」は子どもたちによって歌われてきた伝承的な遊び歌です。「童歌」や「童唄」と表記されたり、「伝承童謡」と呼ばれることもあります。親、兄弟姉妹、友だちなどから遊びながら自然に教わった歌ともいえます。そのため、わらべうたのほとんどはいつ頃から歌われているのか、誰が作ったのかがわかっていません。また、その内容も多種多様で、絵描き歌、数え歌、遊ばせ歌、季節の歌、行事の歌、手まり歌、子守歌などに分類されています。素朴な言葉による狭い音域と単純なリズムで構成されているのが特徴で、子どもたちにとっては親しみやすく自然な歌い方ができるため、子どもに最適な歌ともいわれています。また、異年齢の子どもたちが一緒になって遊ぶことができるのも利点です。

使われている音の数が少なく、音程はほとんど4度以内で、半音が含まれておらず、音域の幅が狭いのもその特徴です。わらべうたは、子どもの声域の発達に配慮した歌のレパートリーとして、基礎的な音程を歌うための教材に使用することもできます。

② わらべうたのリズム

わらべうたの旋律は言葉の抑揚に大きく依存しており、それがリズムとして色濃く反映されています。西洋音楽の規則正しい拍子に則ったリズムではなく、日本語の言葉のリズムに則して柔軟な構成になっているのです。

例えば絵描き歌は、元々は話し言葉が歌になったものなので、唱えるように歌われます。音程のない表現ですが、そこには生きたリズムが存在しているのです。まさに「遊び感覚」で無理なく正確なリズムや音程

が自然と身に付いていくのがわらべうたを活用することの利点です。

③　わらべうたの例

　下記はよく耳にする代表的なわらべうたの例です。普段の生活に何気なく溶け込んでいますが、もともとはわらべうたなのです。きっと一度は聞いたこと、歌ったことがあるに違いありません。

「どれにしようかな」

「おしくらまんじゅう、おされてなくな」

「○○ちゃーん、あーそーぼ」

「さいしょはグー。じゃんけんぽん！」

「もういーかい。まーだだよ」

　「どれにしようかな」のように、言葉の抑揚によって生まれる歌の旋律を「ふし」といいます。ふしを用いた「唱え言葉」は、子どもの生活や遊びの中など様々な場面で聞かれます。

（2）生活のうた

　幼児期には食事や睡眠を通して規則正しい生活を送り、空腹のときに食べる習慣を身に付けることが大切だといわれています。このような時間の流れは、子どもが場面や時間ごとに「適切な要求を持つこと」を学習することにつながるのです。時間的空間的な枠組みがあることを日常生活の中で経験を通して学習していくことで、それが集団生活の中で社会性の学習へとつながっていきます。子どもの生活習慣の確立を学習するための一つの方法として音楽が利用されています。

　例えば、登園時、保育者や友だちに挨拶することから始まりますが、挨拶することを習慣化するために、以下のような歌を用いることがあります。

・「おはようのうた」(作詞／作曲者不詳)
・「ごあいさつ」(小林純一作詞／信時潔作曲)
・「あくしゅでこんにちは」(まど・みちお作詞／萩原英彦作曲)
・「あくしゅでこんにちは」(まど・みちお作詞／渡辺茂作曲)
・「おへんじ」(渋谷重夫作詞／渡辺茂作曲)

　食事の前や外遊びから帰って来た時、手洗いやうがいの習慣を身に付けるために以下のような歌を用いることがあります。

・「おててをあらいましょう」(作詞／作曲者不詳)
・「おててをあらって」(都築益世作詞／宇賀神光利作曲)

　身の回りの整理整頓や身だしなみを整えるために、以下のような歌を用いることがあります。

・「かたづけましょう」(安藤寿美江作詞／渡辺茂作曲)
・「おそうじ」(小林純一作詞／中田喜直作曲)
・「おつめをきりましょ」(塚本章子作詞／本多鉄磨作曲)

　このように、園内における音楽活動は子どもの生活そのものであり、日々の活動と切っても切り離せない関係にあるといえます。
　子どもの歌はコンサートで歌われるようないわゆる「芸術歌曲」とは異なり、あくまで保育における音楽の位置づけを考えて作られています。ある調査によると、保育現場で利用されることの多い子どもの歌の歌詞は「自然に関する単語」が多く、その中でも「生き物の名前」が最も多いことが報告されています。単語全体では「みんな」が最も多く使用されているようで、とても興味深い内容です。

（3）オノマトペ

① オノマトペとその役割

　オノマトペとは生活における様々な音や様子を言葉で表したもので、フランス語で擬音語を意味する「onomatopée」が語源とされています。リズムや言葉のニュアンスなどで音楽を生き生きさせているのがオノマトペの役割であり、子どもたちとのコミュニケーションでもその存在は欠かせないものとなっています。オノマトペなしでは声かけが成立しないといっても過言ではありません。言葉でのコミュニケーションに非常に便利なものであり、様々なオノマトペが子どもの会話の中で使用されています。これは周囲の大人との相互作用の中で感情に関わる音声情報の果たす役割が大きく、会話を円滑にするという重要な機能があることを意味しています。

　コミュニケーションツールともいえるオノマトペは、歌われる楽曲の歌詞にも多く使用されています。筆者は過去に子どもの歌400曲について、どれくらいの割合でオノマトペが使用されているのかを調査しました。その結果、68％（270曲）で使用されていたのです。いかにオノマトペが子どもの歌の中で重要視されているのかがわかると思います。そのほかの調査からも「動作に関するオノマトペ」が最も多く使用されており、気分や心情などの「心理的な感覚に関するオノマトペ」は使用されることが少ないという興味深い報告もされています。

　オノマトペは言葉のイメージが喚起され、明確な形で具体的なイメージを思い描くことができる特徴があります。そのため、子どもの言葉の発達、想像力、表現力の育成、生活習慣の確立など様々な場面でその効果が発揮されます。

② オノマトペの分類

　オノマトペは "擬音語" または "擬声語" と訳されることが多いのですが、おおよそ以下の五つに分類することができます。

擬声語

人間や動物の鳴き声などの実際の"声"を言葉で表したものです。子どもの泣き声「オギャーオギャー」、「エンエン」、動物の鳴き声「ワンワン」、「ニャーニャー」などが挙げられます。

擬音語

実際の音をまねて言葉としたものや、自然界の音、物音を言葉で表したものです。雷の音「ゴロゴロ」、雨の音「しとしと」、風の音「ビュンビュン」などが挙げられます。擬音語は子どもの耳に入る音と物の名前を一致させるためにも重要といわれています。

擬態語

人間や物事の様子、実際には鳴っていない音、物事の動作や動きを言葉で表したものです。「ピカピカな〜」、「さらさらな〜」、「つるつるな〜」などが挙げられます。

擬容語

生物の状態や様子を言葉で表したものです。「とろとろ」、「のっしのっし」、「ぞろぞろ」などが挙げられます。

擬情語

人間の心理や感覚を言葉で表したものです。「わくわく」、「どきどき」、「ぎらぎら」、「にこにこ」などが挙げられます。

　幼児期の音楽活動は、まず音に気づく（音の探索）ことから始まります。音そのものを体験的に"聴く"ことはもちろん、保育者によって"言葉で音そのものを表現すること"も子どもの育ちについて重要です。言葉から発せられる音にはすでに音のイメージが伴っており、それ自体に意味を持っていると考えるならば、うれしさや楽しさはオノマトペを使用することでより巧みに表現することができるのです。

　また、オノマトペは物事の特徴を端的に表すことができるため、音象徴としてのわかりやすさがあります。リズムの繰り返しによって、情景

のイメージや物事の記憶を容易にすることができるほか、遊びの要素を効果的に引き出す役割も担っています。言語獲得の途上にある幼い子どもたちにとって、短い言葉で繰り返されるオノマトペの存在は、言葉の習得、幅広い語彙力の形成や物事への豊かなイメージ、探求心の形成にもとても大きな役割を果たしているといえるでしょう。

4 保育者が行う援助

（1）子どもの「現在の姿」を把握すること

先述の選曲のポイントはあくまで技術面や発達面からのものですが、保育実践の見地から選曲のポイントを述べるならば、まずは子どもたちの「現在の姿」を把握することが最重要事項となります。具体的には、子どもたちがこれまでどのような体験をしたことがあるか、どのような表現を経験したのか、今現在どんなことに興味関心を抱いているのかなどです。これらを保育の中でしっかりと観察する必要があります。なぜなら、子どもたちが歌いたい曲と、保育者が提供する曲の両者が一致したときに子どもの集中力が高まり、旺盛な意欲をもって歌唱活動に取り組むようになるからです。

（2）"大きな声で元気よく歌う"のリスク

メディアなどで子どもたちが一斉に歌う姿を見たことがある人は多いのではないでしょうか。大きな声で元気よく歌う姿には微笑ましいものがありますが、一方で心配な面もあります。無理な発声で声域に合わない楽曲を大きな声で歌うことは、声を酷使していることになります。前述にある通り、声帯はとても小さく繊細な筋肉で、一度壊れたら取り替えることができません。保育者はこのあたりを十分配慮しながら、子どもたちの音楽的な援助を行うことが理想です。

子どもは年齢とともに、身体や発声器官が発達するにしたがって声域が拡がります。声域は一般的に1オクターヴほどまで拡がります。これ

に伴い歌唱スキルも向上しやすくなります。しかし発達については、身体的発達、情緒の発達、知的発達などは特に個人差が大きいため、個人差に十分配慮しながら一人一人丁寧に支援していく必要があります。

保育を学ぶ人の中には、歌うことに自信が持てない人や、実習の後半から声が出なくなっている人も見られます。これは無理に声を張り上げることに起因する声帯の酷使で、喉に大きな負担をかけています。声が出にくくなると、保育そのものに影響が出ることは想像に難くないでしょう。子どもは様々なことを模倣して習得するため、保育者が上手に感情豊かに表現することができれば、子どもたちの歌唱も自ずと豊かになります。

（3）保育者は「指導者」ではなく「支援者」

保育における歌唱活動は、言うまでもなく技術的な訓練として定められているわけではありません。指導や訓練ではないことはもちろん、保育者が主導して意のままに子どもたちに「何かをさせる」ことでもありません。保育者は子どもたちにとって「指導者」ではなく「支援者」という立場にあります。何かをしようとしている子ども一人一人が、自由に表現できるように支援するのです。具体的には子どもが感じ、楽しみ、挑戦し、表現できる環境を整えることです。そのためには、保育者自身が楽しみながら歌うことが、子どもたちと音楽の楽しさを共有するための糸口になります。

特に子どもの歌においては、詞に込められた作詞者の思いを汲み取った作曲者の解釈のもとに作曲され、その思いが楽譜という形で表現されています。楽曲を特徴づけている持ち味（歌詞やリズムの面白さや楽しさ、メロディの美しさ、リズムの特徴など）を子どもたちに伝えながら、心を込めて自分なりに歌えるように援助することが求められます。

（4）保育者に求められる感性と環境構成

周囲の環境（人的環境を含む）によって心理的な抑制がかかると、子

どもは自由に表現することができません。そのため、保育者は子どもが何を感じて何を考えているのかについて、積極的に興味を持つことが大切です。保育者に豊かな感性がなければ、子どもの何気ない行動を多様な表現として気づくことができないばかりか、表現として受け止めることができないために、子どもたちの「育ち」を見落としてしまうことになります。保育者には子どもが活動する様々な姿の中から「豊かな感性と表現」を捉え、子どもが「気づき」「表現したり」「楽しんだり」などの表現のプロセスを大切にした支援が求められています。

　また、豊かな感性や表現する力を育むためには、特定の表現活動に偏った体験をさせるのではなく、自然や素材、音などの環境を意図的に計画して準備し、他者の表現に触れられるように配慮するなど「子どもが思わず表現してみたくなる状況」を構成していくことが重要となります。保育の基本でもある"環境を通して"主体的に育つ子どもの姿を捉えながら、保育者は適切な環境構成を行うことが必要です。

　未発達で繊細な子どもの喉に過剰な負担をかけない「無理のない発声」を土台にして、歌う楽しさと喜びを味わわせることが歌唱活動の支援として求められます。

【参考文献】

　正高信男『0歳児がことばを獲得するとき　行動学からのアプローチ』中央公論新社（中公新書）、1993年

　福島英『声のしくみ　「人を惹きつける声」のメカニズム』ヤマハミュージックメディア、2011年

　宍戸恵美子『話す　話すときに何が起こっているのか？』（行動科学ブックレット10）二瓶社、2013年

　神原雅之・鈴木恵津子『改訂　幼稚園教諭・保育士養成課程　幼児のための音楽教育』教育芸術社、2018年

桶谷弘美・吉良武志・熊谷新次郎・斉藤正義・杉江正美・高橋悦枝『［音楽表現］の理論と実際』音楽之友社、1997年

谷田貝公昭監修、三森桂子・小畠エマ編著『音楽表現』（実践 保育内容シリーズ5）一藝社、2014年

中野由紀子編著『幼稚園教諭・保育士養成課程 音楽表現 そのまま使える基礎と実践』共同音楽出版社、2021年

櫻井琴音・上谷裕子編著『アクティブラーニングを取り入れた子どもの発達と音楽表現 第2版 幼稚園教諭・保育士養成課程』学文社、2020年

宮澤多英子『保育者養成のための子どもと音楽表現』日本電子書籍技術普及協会、2021年

山﨑英明「子どもの歌におけるオノマトペ抽出の研究～擬情語に焦点をあてて～」『リカレント研究論集（3）』八洲学園大学リカレント研究センター、2023年

多保田治江「保育者養成における子どものうたの取り扱いについて（1）」『北陸学院短期大学紀要』第25号、1993年、pp.55–85

吉田直子「子どものうたの音楽分析―保育者養成校のソルフェージュ指導の視点から―」『帝塚山大学教育学部紀要』第2号、2020年、pp.50–59

日髙まり子・横山祐里奈「幼児の歌唱声域と子どもの歌曲集の音域についての考察―あそび歌300曲の分析を通して―」『宮崎国際大学教育学部紀要「教育科学論集」』第8号、2021年、pp.108–123

内山尚美「音楽表現へつなげるための読譜力育成の試み―音楽Ⅰ（声楽）における授業実践を通して―」『名古屋柳城短期大学研究紀要』第41号、2019年、pp.159–170

福士亜友子「保育者養成校における歌唱指導に関する考察―「感情」に焦点を当てた発声法の実践―」『柴田学園研究紀要』Vol.1 No.1、2021年、pp.1–8

山﨑英明「保育士試験実技（音楽表現）に関する一考察―過去10年間における課題曲の旋律分析から―」『名古屋産業大学論集』第35号、名古屋産業大学現代ビジネス学会、2020年、pp.1–7

第2章 現代の保育動向における
オルフの音楽教育の可能性

第1節 はじめに

　今日のグローバル社会に生きる子どもたちにとって、異文化共生を学び、多様な視点や価値観を尊重する姿勢は、より豊かな人間関係を築く上で重要です。このような姿勢が育つことで、子どもたちは他者と協力し、共に成長していく力を身に付けていきます。

　現代は、VUCA（ブーカ）の時代といわれています。VUCAとは、Volatility（変動性）、Uncertainty（不確実性）、Complexity（複雑性）、Ambiguity（曖昧性）の頭文字をとった言葉です。このような時代において、教育者には、これまで以上に多様な視点とアプローチが求められるようになりました。さらに、情報社会（Society4.0）に続き、我が国が目指すSociety 5.0は、仮想空間と現実空間を高度に融合させた新たな社会を意味します。このSociety5.0の時代を生きる子どもたちに、自ら未来を切り拓く力を育ませることは、社会全体の責務であると言えるでしょう。

　そうした力の育成に、近年、「STEAM（スティーム）教育」が大きな注目を集めています。科学（S）、技術（T）、工学（E）、芸術（A）、数学（M）を統合したこの教育手法は、子どもたちに幅広い視点を提供し、問題解決能力や創造性を育成することを目指しています。現在、日本ではSTEAM教育のAは、芸術、文化、生活、経済、法律、政治、倫理等を含めた広い範囲として定義されています。STEAM教育に芸術の要素が含まれることで感性や創造性が意識され、音楽教育もその重要

な柱となっています。

　また、子どもたちの主体性と協同（働）性を育むことも、保育・教育において欠かせない要素です。自分の意見を持ち、それを他者と共有しながら新しい価値を生み出す力は、これからの社会でますます必要とされるでしょう。

　私たちは、こうした時代の要求に応じて保育を変えていく必要があります。なぜなら幼児期は、生きていくための基礎を培う重要な時期であり、この時期に培った力がその後の成長と社会での適応力を生み出すからです。

　この章では、第2節でドイツの音楽家であり音楽教育家であったカール・オルフ（C. Orff 1895〜1982）の音楽教育の概要を俯瞰します。第3節では、現代の音楽教育における新たな視点や動向を取り上げ、第4節では、オルフの音楽教育がこれらの動向とどのように結びついているのか、また、オルフの音楽教育がどのように保育の現場に貢献できるのかを考察します。

第2節　オルフの音楽教育の概要

1　歴史的背景

　19世紀末から20世紀初頭にかけて、ドイツでは新教育運動が広まりました。オルフの音楽教育もこの新教育運動の流れの中で生まれた音楽教育の一つです。新教育運動は、それまで欧米で行われていた画一的で知識注入型の教育への批判から生まれました。この運動は、「子どもからの教育（Pädagogik vom Kinde aus）」とも呼ばれ、子どもの自己活動や自発性、創造性を重視するものです。

　こうした動きの中、1890年代には芸術教育運動が始まりました。この

運動の中心的指導者の一人であったゲッツェ（C. Götze 1865～1947）は、子どもの遊びを芸術活動の一形式と捉え、学校での芸術教育の重要性を強調しました。

さらに1900年以降、新教育運動の影響を受けて体操改革運動が起こり、形式的で人為的であると批判されていた従来の体操は、人間の自然な動きを重視し、音楽や舞踊を取り入れることで発展しました。そして、体育を音楽教育と併置させた学校が次々と設立されるようになります。

オルフも、1924年に舞踊家のギュンター（D. Günther 1896～1975）と共に、ミュンヘンに体操とダンスのための学校であるギュンター・シューレを設立しました。シューレとは、ドイツ語で学校を意味します。オルフはギュンター・シューレで音楽学科長を務めました。

1930年代になるとドイツ全土にナチスの影響が強くなり、ギュンター・シューレは、1945年に第二次世界大戦によって焼失してしまいます。しかし、オルフ自身はその後も音楽教育に取り組み、彼の理念に基づく音楽教育は世界へと広がり、発展を遂げました。

2　オルフの生涯

1895年、ドイツのミュンヘンで生まれたオルフは、幼少期から音楽的に恵まれた環境の中で育ちました。母はピアニストで、父はピアノや弦楽器を演奏しました。オルフは2歳頃からピアノで遊び、5歳頃には母親にピアノを学びました。即興を好み、母親はそれを書きとめるのを手伝ったそうです。父親は、オルフがキリスト降誕の劇を演じるために環境を整えたり、あやつり人形劇場に連れて行ったりもしました。オルフは14歳の頃、オペラを観て、次第に音楽劇に興味を持つようになりました。また、家政婦のファニーを通じて、方言で語られることばや物語の世界に心を奪われる経験をしています。これらの経験は、後のオルフの教育理念や作品に強い影響を与えたと考えられます。

オルフは、1914年にミュンヘンの王立音楽アカデミー（現ミュンヘン

音楽演劇大学）を卒業後、その演劇的才能を評価され、カペルマイスター（劇場の指揮者）として働きました。

オルフはバイエルン方言を用いた演劇的な作品を多く残しました。主要作品として、1937年に作曲された「カルミナブラーナ」の他、「月」、「賢い女」、「ベルナウの女」、「抜け目ない男」などが挙げられます。

音楽教育家としてのオルフの活動は、２つの時代に分けることができます 。第１期は、ギュンター・シューレが設立された1924年から建物が焼失する1945年までの期間です。この時期には、ギュンター学校で学生のための作品づくりや教育活動を行っていました。第２期は、第二次世界大戦後、南ドイツのバイエルン放送局のラジオで、子ども向けの音楽、動き、ことばによる音楽の放送を始めた1948年から、彼が亡くなるまでの時間です。1954年には、子どもたちとの活動を、実践モデル集『オルフ・シュールヴェルク　子どものための音楽』全５巻にまとめました。その後、1961年には、ザルツブルクにオルフ研究所が設立されました。1962年には、助手のケートマンと来日し、NHK のラジオとテレビで講演とデモンストレーションを行っています。

オルフは1982年３月29日、ミュンヘンにて86歳で亡くなりました。

3　オルフの教育理念

「オルフ・シュールヴェルク」とは、前述の『オルフ・シュールヴェルク　子どものための音楽』全５巻を含む、複数の実践モデル集の総称であると同時に、広義には、教育理念や実践を含むオルフの音楽教育全体を表す言葉としても使用されます。

オルフ（1963）は、オルフ・シュールヴェルクの根幹を成す概念である「エレメンタールな音楽」について、次のように説明しています。

「エレメンタールな音楽は、それは決して音楽単独ではあり得ない。それは動き、舞踊、そしてことばと結びついている。それは誰でも自ら

演奏する音楽であり、決して聞き役にまわることなく、共演者として加わるものである。それは、精神以前のものであって、大きな形式を構成したり、緻密な構成を持ったりするものではなく、短い音列形式かオスティナート、あるいは小さなロンド形式でできている。エレメンタールな音楽は、現世的で、自然体で、肉体的であって、すべての人にとって学習と経験が可能であり、子どもにふさわしいものである。」

　このように、オルフの音楽教育では、音楽・動き・ことばが総合的に扱われ、時には造形的な要素と結びつけて展開されます。即興を重視した集団活動が中心で、初めは楽譜を使わず、ことばのリズムによる模倣（まねっこ）や応答、短いパターンの繰り返しなどが使われます。
　楽器は初歩の段階では、手拍子や足拍子、ひざ打ち、指鳴らしといったボディ・パーカッションや、木箱や木の棒など、身近なプリミティヴな楽器を使用することが相応しいと考えられています。必要な音板だけを使用できるシロフォンやメタロフォンの他、打楽器、リコーダーなど、オルフの理念に基づいて使用されるこれらの楽器群は「オルフ楽器」と呼ばれています。
　オルフは、エレメンタールな音楽活動を通じて、子どもたちが負担なく楽しみながら、彼らが生まれ持った音楽的な創造性を引き出すことを目指したのです

4　日本における広がりとその影響

　オルフ・シュールヴェルクの日本での広がりは、導入期（1953〜）、展開期（1969〜）、拡張期（1988〜）に分けて考えることができます。
　導入期は、1953年に福井直弘が第1回 ISME（国際音楽教育協会）世界大会に出席する途中で、ザルツブルクの「音楽教育者大会」に出席し、帰国後にオルフの音楽教育について報告したことに始まります。1962年には、オルフ夫妻とケートマンが来日し、全国7カ所で講演と子どもた

ちとのデモンストレーションを行い、オルフブームが起こりました。また、加藤正二や「子どものための音楽」研究会などが実践楽譜集を出版し、多くの人々が「オルフ・シュールヴェルク」という言葉を知ることになりました。オルフの理念が各国に正しく伝わることを目的として、オーストリアにオルフ研究所が設立（1961年）されたのも、この時期です。

展開期は、日本人がオルフの理念に基づき、日本語やわらべうたを基盤にした理論的、実践的な展開を行った時期です。母語に動きや音楽が伴うわらべうたは、オルフが提唱するエレメンタールな音楽として理想的なものでした。渋谷博、花井清、星野圭郎、井口太らは、わらべうたを基盤とした実践楽譜集を出版しました。実践においては、小泉文夫のわらべうたの音楽理論が大きな役割を果たしました。しかし、当時の学校教育は、機能和声に基づく西洋音楽の影響を強く受けていました。中地（2000）は、その状況について、「我が国の〈学校音楽文化〉と〈伝統音楽文化〉の断層という根本的問題は、継続性の点からオルフ・アプローチの展開にある種の限界を生んだ。」と述べています。

拡張期は、1988年に日本オルフ音楽教育研究会が設立され、現在に至るまでの期間を指します。この時期には、無調の音楽や無拍節のリズム、楽器以外の音素材、偶然性の音楽といった現代音楽的な要素も扱われるようになり、造形、触覚、視覚、嗅覚といった感覚との統合も進みました。表現形態が拡張した時期といえます。現在も、日本オルフ音楽教育研究会では、夏期セミナーや例会、会報誌などを通じて、幼児教育から大学、特別支援学校、音楽教室まで、さまざまな分野の人々が交流し、研究が続けられています。

第3節　現代の音楽教育の新たな視点

1　STEAM 教育における音楽の役割

　STEAM 教育は、「Science（科学）、Technology（テクノロジー）、Engineering（工学・ものづくり）、Art（芸術・リベラルアーツ）、Mathematics（数学）等の各教科での学習を実社会での問題発見・解決にいかしていくための教科横断的な教育」と定義されています（2019, 文部科学省。かっこ内筆者補足）。この教育方法は、2000年代にアメリカで発展し、特にバラク・オバマ元大統領の演説によって広く知られるようになりました。

　STEAM 教育において、A（Art）をテーマとする音楽は、創造的な表現力を養う重要な役割を果たします。音具や楽器、歌やダンスの活動を通して、子どもたちは以下のようなさまざまな分野の学びに触れることができます。

・S（科学）：音の高さや響き、音の伝わる仕組みなどを通じて、音の不思議に触れ、科学的な視点で音楽を楽しむことができます。
・M（数学）：リズムや拍子、旋律、パターンを身体で感じながら音楽に触れることで、数の概念や規則性を自然に身に付けることができます。
・E（工学）：楽器を作る活動を通して、どのように音が生まれるのかを考えながら、ものづくりの基礎に親しむことができます。
・T（テクノロジー）：音楽制作アプリやデジタル楽器を使って新しい音や音楽を作り出す経験を通じて、テクノロジーに触れることができます。

　さらに、子どもたちは、これらの音楽活動（A：芸術）を通じて、「自己表現の方法」や「他者と協力する力」を身に付けていきます。こうし

た力は、科学的な探究心、テクノロジーの理解、工学的思考、数学的な規則性の把握、そして芸術的な創造力を統合するための基盤となります。この基盤は、実社会で他者と協働し、新しいものを生み出そうとする場面で大きな力を発揮するでしょう。

このように、音楽はSTEAM教育全体を支える要素として、21世紀に求められる多様な資質・能力を育成する上で大きな役割を果たすと考えられます。

2　国際理解教育と音楽

幼稚園教育要領（文部科学省，2017）の領域「環境」では、「異なる文化に触れる活動に親しんだりすることを通じて、社会とのつながりの意識や国際理解の意識の芽生えなどが養われるようにすること。」と述べられています。また、領域「人間関係」にも「幼児が他の幼児との関わりの中で他人の存在に気付き、相手を尊重する気持ちをもって行動できるよう」といった記述があり、これらは多様性の理解、ひいては国際理解の基盤となる考え方といえるでしょう。

保育現場では、子どもたちが他国の文化や生活習慣に興味を持ち、楽しみながら主体的に関わる「多文化経験」が重視されています。具体的には、異文化や伝統に関わる人材の活用、資料館や博物館との連携、ICT機器を用いた映像の活用、料理やゲーム、絵本や音楽など、さまざまな方法でその機会が提供されています。

近年では、幼稚園・保育所・認定こども園に在籍する外国籍の幼児の数が増加しています。2020年度のアンケート調査によると外国籍等の子どもが在籍している全国の保育所等は60.2％に上ります。このことは、日本人の幼児にとっては、異なる生活習慣や文化に触れ、国際的な感覚を身に付ける貴重な機会と捉えることができます。

音楽活動に注目してみましょう。子どもたちが外国の歌で遊んだり、あいさつや数字など簡単な外国語を含んだ歌を歌ったりすることは、楽

しみながら外国の文化に触れる良い経験となります。また、オリンピックの映像を通じて、さまざまな国の音楽や国歌に触れた子どもたちもいたことでしょう。浜松市楽器博物館では乳幼児が音を出したり、演奏を見たりして、楽しみながら世界の楽器や文化に興味を持つことができるよう、さまざまな工夫がなされています。

このように、音楽活動は子どもたちに多文化経験をもたらし、国際理解の基盤を育む役割を果たします。

3 インクルーシブ保育と音楽活動

1994年のサラマンカ宣言と、2006年の国連「障害者の権利に関する条約」を受けて、文部科学省はインクルーシブ教育システムを構築してきました。このシステムは、「人間の多様性の尊重等の強化、障害者が精神的及び身体的な能力等を可能な最大限度まで発達させ、自由な社会に効果的に参加することを可能とするとの目的の下、障害のある者と障害のない者が共に学ぶ仕組みであり、障害のある者が『general education system』（一般的な教育制度）から排除されないこと、自己の生活する地域において初等中等教育の機会が与えられること、個人に必要な『合理的配慮』が提供される等が必要」とされています。

インクルーシブ保育は、インクルーシブ教育に包含されています。1980年代から広まった「統合保育」が、通常の保育に特別支援が必要な子どもを統合するという考え方だったのに対し、インクルーシブ保育は、全ての子どもが平等に学べる場を最初から構築し、誰もが積極的に参加できる共生、協同の姿を目指しています。

音楽はインクルーシブ保育において、重要な役割を果たしうるものと考えられます。音楽の持つ多様性は、子どもたちの特性に合わせた柔軟な対応を可能にします。音楽は「歌う」や「演奏する」だけでなく、「舞踊」など異なる表現方法が統合したものであるため、子どもたちは自分の得意なことを自分なりの方法で楽しむことができるからです。

たとえ子どもが拍に合わない音を出していても、その子は音楽を楽しんでいる可能性があります。そのエネルギーを別の楽器や動きに活かすこともできるでしょう。私たちがインクルーシブ保育を考えるとき、必ずしも整ったものだけが音楽ではないという視点が必要になります。最終的な成果よりも、子どもたち一人ひとりが自分なりに音楽を楽しみ、お互いを認め合う、そのプロセス自体が評価されるべきでしょう。

4　音楽における主体性と協同性

　幼児期は、自分の興味や欲求に基づいて環境に働きかけ、活動を展開することで、認知面、情意面、身体面が発達する重要な時期です。保育者は、一方的な指導ではなく、意図をもって環境を整え、幼児が主体的に活動できるように援助することが大切です。この環境には、物的な要素だけでなく、保育者や友達などの人的要素も含まれます。

　かつての音楽活動は、幼稚園や保育所の発表会などの行事と結びつけられ、完璧で高度な演奏を目指すあまり、保育者も子どもも疲弊することがありました。そのような状況で、幼児が主体性を発揮し、十分に試行錯誤できたかどうかは疑問です。幼児教育が目指しているのは、活動のスムーズな進行や完璧な仕上がり、人にどうみられるかといったことではなく、幼児が主体性を発揮し、試行錯誤を通じて発達に必要なものを獲得することです。完璧な子どもの姿に心を奪われているとき、私たちは保育の本質を見失っていないか注意する必要があります。

　また、幼児期は社会性が発達する時期でもあり、他者との関わりを通じて協同性が育まれます。友達との関わりの中で感情を共有し、共通の目的を達成する経験が重要になります。保育者は、言葉がけなどを通じて、子どもたちが協同の大切さに気づけるよう援助します。

　音楽活動における協同性は、子どもたちが他者と共に音楽を創り、役割分担や協力を通じて表現を完成させる過程で育まれます。他者の表現を受け入れ、共に楽しむことで、コミュニケーション能力や社会性も自

然に培われます。

音楽活動では、音との出会いや他者との関わりを通じて、子どもたちの主体性と協同性が育まれる環境を整えることが重要です。

第4節　保育動向に基づくオルフの音楽教育の現代的意義

1　「STEAM 教育」とオルフの音楽教育

もともとオルフの音楽教育は、音と動き、ことばを統合した教育としての特性を持っています。さらに近年では、オルフの音楽教育における表現形態が拡張され、舞踊、美術、造形、演劇、国語などの周辺領域とも比較的スムーズに横断的な活動を行ってきました。

保育者養成校での取り組みの一例として、「人体模型を活用した音楽の授業」が報告されています。オルフは、最もプリミティヴな楽器に向かう際の姿勢や構え方は、楽器に対する危険な接し方を防いでくれると述べ、楽器を演奏する際の身体のありように注目しています。この授業は、間違わずに弾き歌いができたかどうか、といった目先の評価に終始しがちな学生の視点を、自身の身体構造や呼吸に向けることを目的としています。人体模型を使って解剖学的に人体を観察することは、STEAM 教育の S（科学）に該当します。背骨の数、横隔膜の面積、肺の体積、頭の重さ、などを考えることは、M（数学）に関連します。演奏に相応しい身体の動きを分析したり、椅子の高さを考えたりする視点はE（工学）の分野に結びつきます。

その他、小学校教員を養成する大学において、小学生を対象に、理科の専門教員と音楽教員が協同で、手づくり楽器「カズー」を用いて音の仕組みを学ぶワークショップを行った事例も報告されています。カズー

の音がどのように発生するかを学ぶことは、S（科学）にあたります。さらに、穴の大きさや数、位置を決める作業は、M（数学）に関連します。そして、実際にカズーを組み立てる工程は、E（工学）の一部です。

　今後、オルフの音楽教育における創作活動では、音楽制作ソフトやデジタル楽器などのテクノロジーが使われる可能性も考えられます。しかし、こうしたテクノロジーがオルフが述べるエレメンタールな音楽と矛盾しないかについては、今後の議論が必要かもしれません。

　また、前述のカズー以外の楽器づくりを通じても、設計や音響工学的な視点から音の仕組みを学ぶことは可能です。さらに、自然界の音素材を利用して、環境教育やSDGsに関連した学びに貢献することもできるでしょう。このように、STEAM教育の視点からも、オルフの音楽教育にはさまざまな発展が期待されます。

2　オルフの音楽教育と国際理解教育

　オルフは80歳の誕生日に行われたインタビュー（1975）で、「海外でシュールヴェルクを行う際には、その国の子どもたちがどのような体験をしているかを出発点に考えるべきだ。アフリカの子どもたちの体験は、ハンブルクやシュトラールズント、パリ、そして東京の子どもたちの経験と異なっている。」と述べています。つまり、オルフオリジナルの『シュールヴェルク』は、ドイツのバイエルン地方の子どもたちとの活動記録であり、実践モデル集にすぎないということです。国が変われば、その国に合った方法で行うべきであり、それこそが本質だと考えていたのです。

　オルフは理想的な出発点として、各国の母語から生まれるわらべうたを重視しました。この考え方はコダーイ・ゾルターン（K. Zoltán 1882～1967）のわらべうた教育と共通しています。オルフの「自分たちの文化的伝統に立ち戻る」という考えに触発され、シュールヴェルクを取り入れようとした多くの国々では、自国の遊びや書物、歌、舞踊の調査が

行われました。

　オルフの音楽教育では個人の文化的アイデンティティが大切にされます。そのため、おのずと複数の文化的アイデンティティを尊重することが求められます。この考え方は国際的な視点でも同様です。さまざまな国から集まったオルフ研究所の学生たちは、自国の文化（食事や遊び、ダンスなど）を紹介する機会が与えられます。それを他の学生たちはわくわくしながら聞き入るのです。

　オルフと共に教鞭をとったレーグナー（H. Regner 1928〜2008）は、「他者を受け入れるためには、批判的な評価基準や、既存の美学的な判断を捨てる心構えが必要である。他者に対して、何が良く、何に価値があり、何が美しいのかを判断しようとしてはならない。」と述べています。

　このようにオルフの音楽教育は、国際的な理解と多様性の尊重を重視し、各地域の文化に根ざした音楽活動を推進するものといえます。

3　オルフの音楽教育とインクルーシブ教育

　オルフは、エレメンタールな音楽を通じて、音楽活動における技術的な難しさをできる限り排除することで、子どもたちが最大限に共感し、音楽と一体になれると考えました。彼は指導において、遊戯衝動（Spieltrieb）から生まれる動きを伴う遊びから始めることを重視し、子どもたちが自分の能力の範囲で扱える楽器のみを使用するよう配慮しました。先に述べたように、初期の発達段階では、手拍子や足拍子、木の棒や木の箱、太鼓やマラカスなど、演奏技術を意識せずに楽しめるエレメンタールな楽器を奨励しました。例えば、オルフ木琴は、必要な音板だけをセットできるため、子どもたちが弾き間違いを心配せずに演奏できる理想的な楽器です。

　このように、オルフの目指した音楽教育は、全ての子どもが参加し、音楽の本質に触れることができるものであり、その点においてインクルーシブ教育の理念を内包しているといえます。

1970年頃から、オルフの音楽教育は、オルフ夫人のゲルトルート・オルフ（G. Orff 1914〜1999）や、オルフ研究所の卒業生であるカリン・シューマッハー（K. Schumacher 1950〜）といった音楽療法士によって、障がいのある人々に応用されるようになりました。日本でも、オルフの音楽教育を理解した音楽療法士が、その理念を活かし、効果的な音楽療法を実践している事例が見られます。

　しかし、オルフの音楽教育自体には、音楽療法的、あるいは治療教育的な要素は含まれていません。オルフ研究所のカリキュラムにある「音楽的社会的養護教育（musikalische soziale Heilpädagogik）」は、障がいの有無に関わらず、オルフの理念を実践する一つの分野として構想されたものです。つまり、オルフの音楽教育が「音楽療法」ではなく、「音楽的社会的養護教育」であることが、インクルーシブ教育としての可能性を示していると言えるでしょう。

𝟜　オルフの音楽教育における主体性と協同性

　オルフ（1932）は子どもの音楽活動について、「子どもの音楽指導の出発点は音楽の授業ではなく、自由な遊びの時間の中にある。（中略）重要なのは、子どもに自ら遊ばせ、妨げとなるすべてのものを取り除くことだ。」と述べています。また、「子どもたちを誘う必要はない。彼らは自らプリミティヴな楽器を手に取る。手拍子や足踏みはもちろんのこと、教師がそっと木の棒やガラガラ、木箱などを置けば、それらは太鼓として使用される。」と、子どもが主体的な存在であることを強調し、教師が環境を整えることの重要性に触れています。

　さらに、オルフは次のようにも述べています。

　「楽器に触れることから生まれるものは即興以外にあり得ない。（中略）遊戯衝動に突き動かされ、技術的に可能な限り多くの試みがなされる。そして、この遊戯衝動は、簡単なことができるようになると、

より難しいことに挑戦し、その楽器の限界に挑む気持ちになる。(中略)これこそが音楽教育そのものの基礎だ。」

　つまり、自発的な取り組みとは即興であると述べ、主体性が創造することに通ずることを示唆しています。
　協同性に目を向けてみましょう。オルフの音楽教育は、一般の子どもたちを対象とし、基本的にグループで指導が行われます。そして、歌う、弾く、踊るといった役割分担や、まねっこ遊び、応答形式のやりとりなどの、プリミティヴな音楽形態を通して、協同的に活動が展開されます。
　このように主体性と協同性は、オルフの音楽教育の活動の基本となる重要な要素になっています。

第5節　おわりに

　本章では、現代の保育・教育における新たな視点として、STEAM 教育、国際理解教育、インクルーシブ教育、そして主体性と協同性を取り上げ、オルフの音楽教育が、それらにどのように貢献できるかについて考察しました。
　オルフの音楽教育では、音楽と動きとことばを総合的に捉えるという理念に基づき、領域横断的な試みが積極的に行われてきたこと、また、オルフが母語から生まれるわらべうたを音楽の理想的な出発点と捉えていたこと、そして、誰もが参加でき、すぐに音楽の本質に触れることのできる活動を目指したこと、その他、グループ活動が、主体性や創造性、協同性を育む上で重要な役割を果たしてきたことなどを再確認しました。
　考察を通じて、オルフの音楽教育の中に、STEAM 教育や国際理解教育、インクルーシブ教育、そして主体性や協同性を重視する教育の視点が、既に内包されていることが明らかになりました。

私たちは、VUCA の時代、Society5.0時代を生きる子どもたちに対して、どのような教育が必要なのかを再考する時期に来ています。未来に向けて、オルフの音楽教育をはじめとする多様な教育アプローチが、子どもたちの生きる力を育む基盤となることが期待されます。私たちは引き続き、さまざまな教育法の可能性を探求していく必要があります。

【参考・引用文献】

日本オルフ音楽教育研究会『オルフ・シュールヴェルクの研究と実践』2015年、朝日出版社、p.109

今川恭子監修『音楽を学ぶということ　これから音楽を教える・学ぶ人のために』教育芸術社、2016年

芳賀均・森健一郎『総合的な学習としての STEAM 教育の実践―音や音楽を題材にした活動』幻冬舎、2023年

森茂岳雄監修『国際理解教育と多文化教育のまなざし　多様性と社会正義／公正の教育にむけて』明石書店、2023年

別府悦子他「統合保育からインクルーシブ保育への展開のための実践的視点―大学間連携協同研究（1）―」『中部学院大学・中部学院大学短期大学部　研究紀要』第21号、2020年　pp.1–12

大豆生田啓友監修『子どもが中心の「共主体」の保育へ　日本の保育アップデート！』小学館、2023年

文部科学省「STEAM 教育等の教科等横断的な学習の推進について」文部科学省初等中等教育局教育課程課〈https://www.mext.go.jp/content/20210716-mxt_kyoiku01-000016739_1.pdf〉2021年

P. レーティッヒ編、岸野雄三日本語版監修『スポーツ科学事典』（ほるぷ体育スポーツ科学選書13）ほるぷ出版、1982年、pp.55–56

川口潤子「オルフ論評『動きからの音楽　1931年』解説」『音と動きの研究』47巻、日本オルフ音楽教育研究会、2019年、p.69

広瀬鉄雄「カール・オルフのシュールベルクについての一考察」『武蔵野音楽大学研究紀要』No.3、1969年 p.155

Orff, Carl *Das Schulwerk-Rückblick und Ausblick*, In: ORFF-INSTITUT JAHRBUCH, 1963, S.16

中地雅之「オルフ・アプローチの受容と実践的展開における問題と可能性—日・独音楽教育の縦断・横断的比較研究—」『音楽教育学研究 1. 音楽教育の理論研究』音楽之友社、2000年、pp.310-313

三菱UFJリサーチ&コンサルティング「令和2年度　子ども・子育て支援推進調査研究事業　外国籍等の子どもへの保育に関する調査研究　報告書」〈https://www.murc.jp/wp-content/uploads/2021/04/koukai_210426_16.pdf〉2021年、p.2（2024.8.28最終アクセス）

文部科学省「1．共生社会の形成に向けて」〈https://www.mext.go.jp/b_menu/shingi/chukyo/chukyo3/siryo/attach/1325884.htm〉（2024.8.28最終アクセス）

川口潤子他「人体模型の活用が育む豊かな学びに関する大学での授業事例研究：授業『生活』『初等理科指導法』『音楽』の実践報告」『白百合女子大学初等教育学科紀要』第2号、2017年、pp.9-15

Orff, Carl *Musik aus der Bewegung*, Deutsche Tonkünstler Zeitung, 29. JAHRGANG Nr. 554 HEFT 17, 5. DEZ. 1931. S. 3

大貫麻美他「日本学術振興会委託事業 ひらめき☆ときめきサイエンス『あなたもサイエンス・エデュケーター』実施報告」『白百合女子大学初等教育学科紀要』第4号、2018年、pp.81-88

Regner, Hermann *Musik für Kinder Anmerkungen zur Rezeption und Adaption des Orff-Schulwerks in anderen Ländern*, In: Studientexte zu Theorie und Praxis des Orff-Schulwerks, 1984, S. 221, 231, 245

Orff, Carl *Gedanken über Musik mit Kindern und Laien*, In: Schuster, Bernhard（Hrsg.）: "Die Musik", Jg. 24, Berlin 1932, S. 669-671

第3章　子どもの表現を支える保育者・教育者のミュージシャンシップ

第1節　音楽を扱う保育者・教育者の諸問題

　保育者や教育者は、日頃、保育・教育の場で音や音楽に関わる機会があると思います。音楽は、薬剤等の取り扱いとは異なり、免許や専門的知識がなくても誰もが手軽にアクセスでき、自由に扱うことができる上に、音や音楽との関わり方も様々です。

　保育者や教育者が子どもとの関係の中で音楽を扱うとき、どのような問題が起こりやすいのか、次の3点から考えてみます。

1　保育・教育の場における表現への関わり

　保育現場では、日常生活に音や音楽が溢れ、子ども達にとって音楽表現（以下、表現）は、身近な存在として機能しています。遊びと表現は隣り合わせに存在し、子どもの感性と創造性に富んだ豊かな表現は、日常の遊びの中から生まれます。しかし音楽活動の場で、保育者・教育者主導の音楽活動だけを「音楽」だと捉えてしまうと、それらの表現は埋もれてしまい、発展させられずに見過ごされてしまうことがあります。

　また教育現場では、「音楽科」が教育課程の1教科として位置づけられ、決まった時間に音楽に触れる機会があります。学校行事や特別活動、学級活動等で音楽に触れる機会もあるでしょう。これらの現場でも、子ども達の豊かな感性と創造性に満ちた表現が生まれます。ただ、これらの表現が活性化せず、原石が原石のままで終わってしまう状況も見受けられるのです。また、音楽活動の中で、教育者の音楽行為によっては、子

どもの表現が画一的なものになったり、統制をとるための道具として音楽が使われたりしているケースがみられます。つまり、子ども達の表現は日々、現場に溢れているにもかかわらず、その表現と向き合い、進化させ、深化させられる保育者や教育者が少ないのが現状です。

その要因の一つには、保育者・教育者の保育観や教育観、音楽観が関係していると考えられます。言い換えれば、表現をどう捉えるかという「保育観や教育観」や、音楽活動の基盤となる「音楽観」が、大きな影響を及ぼしているといえます。二つには、養成の段階で、表現を活性化させるための知識と技能を養う機会に恵まれず、発展方法に関するイメージがもてないまま、現場に出ている可能性も考えられるのです。

2 子どもの表現に対する保育者・教育者の意識

保育者は、日常的に音や音楽を楽しむ活動や、他の表現媒体を伴う総合的な活動を実施しています。ただ、横井（2011）は、子どもの表現を見守ったり、受け止めたりする援助方法には重きを置いている一方で、子どもの表現を発展させる具体的な方法や個人差に応じた指導方法に難しさを感じている保育者が多いとしています。また、創造的な音楽活動に興味・関心を示しながらも、そのための手立てが十分でないこと（駒，2010）、子どもの表現を広げたり伸ばしたりする活動に消極的なこと（田﨑，2014）が明らかになっています。さらには、この活動に必要な「即興性の習得」に必要性を感じながらも、現実的には難しいと感じていることもわかっています（田﨑，2014）。

他方、教育者は、音楽科の領域のうち最も創造的である「音楽づくり」の授業の取り扱い時間が、他の分野に比べて少ないことが、ある調査で明らかになっています（中島ら，2016）。その理由として、時間的制約と教育者の指導力の問題を挙げています。

3　保育者養成校・教員養成校におけるカリキュラムの問題

　音楽関連科目の内容と方法、時間数は、各養成校によってばらつきがあります（木下, 2020）。例えば、先に述べた「表現を活性化させる力（即興演奏の能力など）」の向上を目指す科目を導入している養成校もありますが、多くは知識と技能を育成する次のようなカリキュラムが中心となります。

① 　歌とピアノに関する基礎的な技能
② 　音楽の基礎的な理論
③ 　音楽表現に関する内容と方法
④ 　歌唱、器楽、鑑賞に関する知識と指導法

　保育の分野では、歌が歌えること、ピアノが弾けること、弾き歌いができること、手遊びができること、音楽を取り入れた表現活動ができること等を目指した学習内容となります。教育の分野、ことに初等教育では、歌が歌えること、ピアノが弾けること、弾き歌いができること、表現と鑑賞に関する知識と技能を習得し指導できること等が主な学習内容になります。

　しかし、これらのほとんどは、保育者・教育者側からの発信を前提に教えられるものです。子どもの表現に応答できる即興的で即応性のある力をつけるトレーニングは、カリキュラムや時間、指導者の力量的に限界があるため、不十分であるといわざるを得ないのです。この点について、木下（2020）は、「保育者・教育者の『即興演奏』の能力を如何に育むかについては、十分に検討されてこなかった（p.134）」としており、その背景として、即興演奏が応用的な能力だと捉えられ、今日の養成校のカリキュラムの主軸になっていない点を指摘しています。

　そこで、次節では、即興的かつ応答的な力を必要とする音楽療法のセ

ラピストのアプローチを取り上げたいと思います。特に、即興性と創造性を中心に展開される「創造的音楽療法」の概念と方法に基づいた音楽療法的アプローチを紹介します。

第2節　音楽療法的アプローチの導入

　音楽療法とは、「音楽のもつ生理的、心理的、社会的働きを用いて、心身の障害の回復、機能の維持改善、生活の質の向上、行動の変容などに向けて、音楽を意図的、計画的に使用すること（日本音楽療法学会，2001）」です。一般的には、何らかの障害や機能不全のある人の回復や改善を目的に用いられるものとして認識されています。

　しかし最近では、健常者を対象とする音楽療法の可能性も追究されています。筆者も1990年代から、音楽療法を音楽教育に取り入れること、音楽教師が音楽療法的アプローチを効果的に用いることの重要性について検討してきました。音楽を意図的・計画的に使用する有効性が理解され、幅広い対象やフィールドで適用されてきているといえます。その例として、健常児を含むインクルーシブ教育としての音楽療法（小笠原，2017）や、健常者（高齢者）への音楽療法（秋山，2007、新川，2009）等の事例があります。

　子どもの表現（音楽）を支える保育者・教育者とこれらが、どう関係しているのか、以下で述べたいと思います。

1　音楽療法的アプローチとは

　近年、様々な研究者が「音楽療法的アプローチ」という用語を用いるようになってきています。それだけ音楽療法の需要が増え、適用範囲が広がってきているともいえます。

　伊志嶺（1993）は、既に30年前に「音楽療法的アプローチ」という語

を用いて、音楽療法的見地に基づいた音楽教育理念を展開しています。「学習的色彩よりも音楽享受的色彩を、学ぶことより楽しむことに主眼を置く（p.32）」という点で筆者と共通していますが、初等教育の鑑賞領域で、物理的性質より生理的に感じ取る重要性を主張しており、それによって子ども達は、音楽の諸要素を経験的、具体的に感得できると述べています。

　また、特別支援教育や発達障害など支援の必要な子どもを対象にした音楽療法的アプローチは非常に多くみられます。音楽療法士が療法として実施する「音楽療法」とは異なりますが、音楽療法の目的が対象者のニーズと重なるためだと考えられます。

　2000年頃から教育現場にこのアプローチを導入している多田羅（2008）は、「音楽療法と教育の境界は重なっている（p.103）」としており、子どもの自然なコミュニケーション能力を育むことを目的としています。「教師自身が、音楽の中に生きていることを示すことが重要である（p.110）」としており、この考え方は、筆者の目指す音楽療法的アプローチやミュージシャンシップと重なる部分があります。ただし、筆者は何らかの障害のない健常児をも包含する集団を対象としており、その中で保育者・教育者が子どもの自己表現を活性化させるための方策を提案したいと思います。

　さらに、根津（2021）は、音楽療法的アプローチを「心理療法である音楽療法の手法を教育や保育実践に適用するもの」としながらも、「明確な規定はない」としています。その中で自らの実践を「実践者自らが音楽の創造に関与する即興的技法を用いた実践」とし、創造的音楽療法、創造的音楽学習と区別した「創造的音楽活動」として位置づけています。

　本章では、音楽療法的アプローチを「音楽療法」とは区別した上で、障害のある子どもや支援が必要な子どもに限らず、通常学級に通う健常児も包含した子ども達との表現のやり取りの中で、音楽を中心に用いること、音楽すること自体を目的としていること、その結果、自己表現の

促進やコミュニケーション能力の向上が期待できるアプローチをそう呼ぶこととします。

（1）音楽療法的アプローチの理論的背景

筆者は、音楽療法的アプローチの基本理念を創造的音楽療法（Creative Music Therapy）と音楽中心主義音楽療法（Music-Centered Music Therapy）の考え方に依拠しています。創造的音楽療法（ノードフ・ロビンズ音楽療法）とは、ポール・ノードフ（Paul Nordoff, 1909〜1977）とクライブ・ロビンズ（Clive Robbins, 1926〜2011）が開発した即興演奏を軸にしたアプローチを指します。また、音楽中心主義音楽療法は、一つの特殊なアプローチではなく、実践から導き出された固有理論です。ケネス・エイゲン（Kenneth Aigen, 1956〜）は、音楽のもつ力を最大限利用する創造的音楽療法について、「オリジナルな音楽中心音楽療法である（Kenneth Aigen, 2005)」と述べています。

つまり、音楽療法的アプローチは、音楽を中心に据えた音楽体験そのものを重視し、音楽の力、音楽のもつ様々な機能を的確に用いることによって、自己成長を促すことを目的としているのです。

（2）音楽療法的アプローチに必要なミュージシャンシップ

このアプローチに必要なミュージシャンシップとは、どのようなものなのでしょうか。

創造的音楽療法において、セラピストに求められるクリニカル・ミュージシャンシップとは、セラピー（療法）の中で音楽の芸術性と特殊な技術性をうまく使いこなす能力のことを指します。

子どもの表現を感受するときや音楽を提示するときには、「直感」を働かせます。感受した表現に即座に応答するためには、「創造的な自由さ」や「表現の自発性」が必要です。さらに、様々な「音楽的資源」を使うことによって、常に新鮮な音楽を創りだしていきます。そして、音楽に

「方向性をもった意図」をもち、「臨床上の責任」を感じて即興演奏を行うことにより、子どもの中にある音楽性を目覚めさせることができるのです。

2 保育者・教育者に求められるミュージシャンシップとは

それでは、保育者や教育者が、子どもの表現を支えるときに必要なミュージシャンシップとは、どのような能力を指すのでしょうか。

図1に示したように、保育者や教育者は、根底に基盤となる保育観・教育観をもって子ども達と向き合っています。また発達に関する知識、言語的なコミュニケーション能力、身体を音や音楽に関わらせる力を生かしながら、日々の保育・教育にあたっていると思います。このような前提のもと、主に養成校で培われた「音楽に関する基礎的な知識と技能」として、音楽の理論、歌・ピアノ・楽器の演奏能力、音楽のレパートリー・音楽的資源などが備わっていることが求められます。その上で、「音楽に関する応用的な知識と技能」として、音楽療法的アプローチを遂行するための力を挙げました。それは、「子どもの状況とニーズを把握する力」、「子どもの表現を直感的に受容する力」、「子どもの表現に音楽的に応答する力」、「子どもの表現に方向性をもたせる力」、「子どもの表現を広げるための音楽的アイデア」です。

これらの能力が、活動の中でどのように発揮されるのか、第3節で実践例を紹介したいと思います。

図1　保育者・教育者に求められるミュージシャンシップ

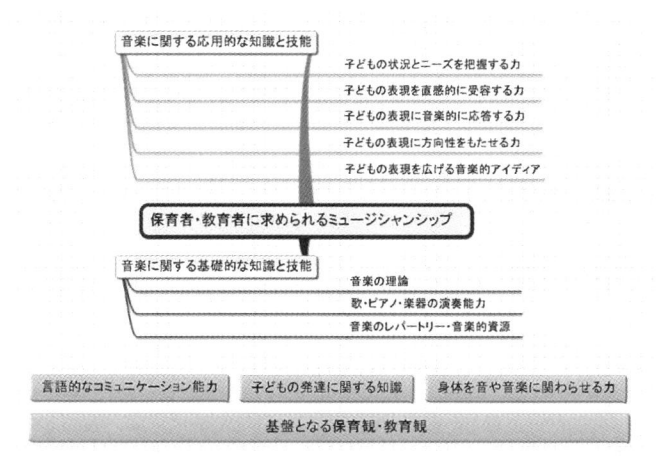

出典：田﨑, 2019を加筆・修正し、筆者が作成

第3節　音楽療法的アプローチの実際

　次に、幼稚園と小学校において実施した参加型演奏会のプログラムの中に、音楽療法的アプローチを取り入れたワークショップの実践例を紹介します。

1　参加型演奏会における音楽療法的アプローチの位置づけ

　参加型演奏会は、筆者が保育者・教育者を目指す学生と共に企画・運営して実施しており、幼稚園の幼児と小学校の児童に対し、同プログラムで行っているものです。演奏会は30〜40分とし、鑑賞型のプログラムと参加型のプログラムから構成されています。子ども達は鑑賞する演目では音楽を聴き、参加する演目ではワークショップ形式によって一緒に音楽活動を行います。筆者は、このワークショップの中に音楽療法的アプローチを導入して実施してきました。その理由について、次に述べたいと思います。

2　音楽療法的アプローチを導入する意味

　参加型演奏会の中にいくつかワークショップを取り入れていますが、その中に音楽療法的アプローチを導入する意味について、次の点が挙げられます。

① 一回性の特性をもつ参加型演奏会と親和性がある。
② 音楽へのアクセシビリティに貢献する。
③ 音楽の知識や技能の向上を目的としない。
④ 何かを感じ、何かを共有し、何かを表現できる場を提供できる。
⑤ 表現の自由と音楽による解放を目指せる。
⑥ 幼児期の「遊び」と児童期の「学び」に欠かせない経験、つまり、音楽を肌で感じ、感覚的に捉える経験、活動の出来不出来にかかわらず音楽を楽しむ経験を保障する。

　以上のような導入意義を踏まえ、筆者と学生が協働で実施した2019〜2023年の例を紹介します。

3　音楽療法的アプローチの実践例

　プログラムの6番目に、音楽療法的アプローチを取り入れた「ピアノマットの活動」を行いました（**図2**）。この活動では、ビニール製のマット状になったピアノ鍵盤を使い、音楽に合わせて足で鍵盤を踏むことによって、音を出す体験を試みました。
　楽器の演奏経験や音楽の基礎知識がなくても、その場で音が出せるため、一回性の特性をもつワークショップで使用するのには適していました。さらに、参加者（子ども）全員が体験できるよう工夫を施しました。

実践例1：足を使ってピアノを演奏しよう

図2　プログラムの内容と構成

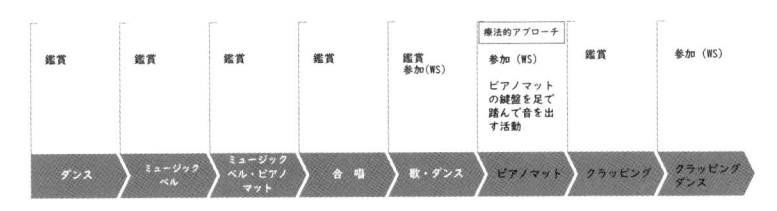

筆者作成

ピアノマットの両端から、「ドレミファソ」と上行形で踏むグループと、「ソファミレド」と下行形で踏むグループを交互に演奏させ、このメロディの進行に合った「ドレミファソング（高山，2011）」という曲を用いました。そして、「ドレミファソ、ソファミレド」のフレーズを何回も繰り返し、ピアノ伴奏は全員が終わるまで弾き続けました。

　この活動の療法的特性は、子どもの動作に合わせて伴奏の速度やタイミングを変えた点にあります。子どものどんな動きにも即時対応し、柔軟性をもって伴奏しました。子ども達は、音階の順次進行にしたがって上行形・下行形を繰り返すため、一人一人の動きは極めて単純ですが、ピアノ伴奏の速度やタイミング、和声に工夫が施されているため、順番を待つ子ども達も音楽に飽きることなく、時間を過ごすことができました。音楽療法士である高山仁氏の作曲した「ドレミファソング」には、何回も繰り返されるメロディに対し、それぞれ違う和声がつけられているため、曲調が単調にならずに、変化に富んだ感覚を味わうことができます。これによって、聴衆も参加者も同じメロディを聴いている割には、音楽に飽きることなく充足感が得られたのではないでしょうか。

　このように、療法的アプローチの際に考慮するのは、演奏したり実践したりしている子どものみならず、その空間にいる全ての子どもに音楽が降り注いでいる状態を意識することです。多くの子ども達に同じ体験

をさせようと思うと、どうしても順番待ちの時間が長くなったり、参加していない空白の時間が生じたりします。この参加型演奏会では、30〜40分の短時間に、空白の時間をなるべく作らぬよう配慮しています。

　この活動では、音楽の流れを止めずに、子ども達の音楽体験に寄り添い、音楽の開始と終止を子ども達の動きに連動させ、あたかも子ども達が「主導権を握っている」感覚になるよう配慮しています。そのためにピアノの伴奏の速度やタイミング、そして曲の終わりのタイミングに留意するよう努めました。これらの工夫により、子どもは、音楽が「自分の動作に合わせてくれている」と感じ、心地良い体験ができます。また、全員の体験終了時に、タイミングよく音楽が終了すれば、自分達が音楽をコントロールしているような気持ちも味わうことができます。この点に留意したことが、療法的なアプローチといえる所以です。

　図３は、２番目のプログラムに取り入れた「トーンチャイムの活動」です。子どもは目を閉じて演者の鳴らすトーンチャイムの音を聴き、音の鳴る方向を指さすというものです。トーンチャイムをもった演者は、部屋の中央に集まって座っている子どもの周囲をゆっくり歩きながら鳴らします。その際、学校でよく耳にするチャイムの音型「A,F,G,C、C,G,A,F」の短いフレーズを奏でます。２回演奏した後に、そのうちの１音を鳴らし、音の鳴る方向を指さしてあててもらうというものです。

実践例２　トーンチャイムの音を聴こう

図３　プログラムの内容と構成

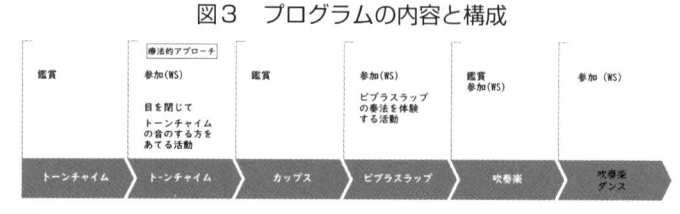

筆者作成

1番目のプログラムでトーンチャイムの演奏を鑑賞した後に実施した
ため、子ども達がトーンチャイムという楽器に興味・関心を示した状態
で、再び楽器の音色をじっくり味わう活動となりました。目を閉じてトー
ンチャイムの音に耳をすませると、柔らかい音が時には近くから、時に
は遠くから聴こえてくるため、子ども達の内部では、音のドームに包ま
れているような感覚が起こります。トーンチャイムの適度な残響がそう
感じさせるのですが、子ども達はその音の行方を追うような作業をする
ことになります。音の聴取に対する感覚は人それぞれであり、中には音
のシャワーを漠然と浴びている可能性もありますが、このような体験を
させることそれ自体に意味があると考えられます。
　音楽には種類によって興奮状態を鎮静化させる効果があり、音楽のも
つこの機能によって、子ども達に「静かに聴いてね」と指示をしなくて
も、自然に音や音楽に集中し、傾聴する姿勢を引き出すことができまし
た。これは、まさに療法的な特性といえます。

<u>実践例3　リンリンそりに乗って旅をしよう</u>

図4　プログラムの内容と構成

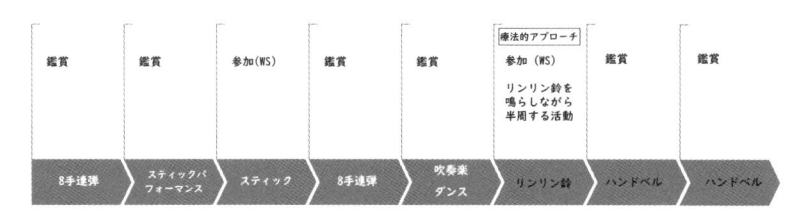

筆者作成

　図4の活動は、6番目のプログラムに位置づけられ、5番目の演奏曲
「恋人たちのクリスマス」の音楽に合わせて、鈴を鳴らしながら歩くも
のです。長い紐に鈴のついた楽器を「リンリンそり」に見立て、輪にし
た状態で数名の子どもと演者が中に入り、音楽に合わせて鈴を鳴らしな

がら、周回する活動です。紐についた鈴は、紐を少し上下するだけで音が鳴るため簡単に音を出すことができ、紐の輪の中に入って鳴らすことにより、乗り物に乗ったような気分が味わえます。

　リンリンそりは数名ずつ利用するため、30〜40名が一度に乗ることはできません。そのため、半周ごとに交代し、音楽の鳴っている間に全員が体験できるよう工夫しました。待っている間、子ども達は体験している子どもの様子をよく観察し、わくわくした気持ちで自分の順番を待っていました。一度に全員が同じことができていたら、このような気持ちは生まれなかったのではないかと思います。

　音楽が流れている間、自分自身も音楽の一部に携わり参加することで、会場全体に一体感が生まれました。通常の音楽鑑賞教室では、参加型の演目がないと、どうしても演者と聴衆の間に距離が生まれ、一緒に音楽をしている感覚が生まれにくいものです。この活動では、音楽の鳴る中、演者と子どもが一緒に鈴を鳴らしながら歩くことで、コミュニケーションが図られ、会場全体が一体感に包まれました。この点が療法的な特性だといえます。

　また、この活動においても、前述した例と同様、子ども達の活動が終わるタイミングをみて演奏が終わるようにし、子ども中心、音楽中心の活動にしたことも療法的特性の一つです。活動が終わったからといって、音楽を途中で止めてしまうと、音楽のまとまりを無視することになります。また、まだ子どもが活動をしているのに、音楽がここで終わるからといって演奏をやめてしまうと、子どもの動きや活動に寄り添っているとは言い難い状態になります。音楽も子どもも大事にするために、音楽のまとまりは失わず、子どもの動きに寄り添った演奏を心がけました。

図5の活動は、6番目のプログラムに位置づけられ、5番目に演者が歌いながらトーンチャイムを演奏した姿を見た後、実施したものです。これは、音楽療法士である下川英子氏が、音楽療法的なアプローチ（音楽表現活動）として実践されている活動で、直接、ご指導いただいた演目です。

実践例4　トーンチャイムを鳴らしてみよう

図5　プログラムの内容と構成

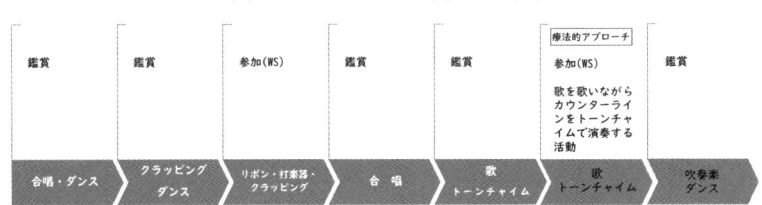

筆者作成

　「にじ」という曲を用い、メロディ部分を歌いながら、伴奏部分をトーンチャイムで演奏しました。伴奏部分は、カウンターラインで成り立っており、7音を数名ずつのグループに分け子ども達が担当しました。演者は、各グループに入り、鳴らすタイミングを示しました。同じ音型を数回繰り返すことで1曲を歌うことができるため、1フレーズの演奏の仕方を習得するだけで1曲を完成させることができ、一回性のワークショップには、最適なプログラムでした。
　療法的な特性としては、通常、「トーンチャイムを演奏する」というとメロディ部分を奏でるのが一般的ですが、伴奏部分を担ったところです。子ども達の馴染みのある歌を歌う活動は、日常行われていると推察できますが、その伴奏を子ども達が演奏する体験は、新鮮だと思います。音楽療法では、子どもの音や音楽にセラピストが即興的に伴奏をつけていく場面をよく見かけますが、この活動は、子どもが伴奏を担い、演者

がそれを歌いながら支えるという構図になります。子ども達にとっては、普段経験できない、かけがえのない体験になったのではないでしょうか。

ただし、短時間に一連の行為を理解し演奏することは、子ども達にとってかなり難易度の高い活動でした。そのため、この活動を無理なく進行させるために、演者が各グループの前に座り、タイミングよく合図を送るよう配慮をしました。これにより、それぞれの音がつながり、カウンターラインを奏でることに成功しました。子ども一人一人の視点からすると、自分自身が鳴らしている音は1音で一瞬であっても、歌と伴奏が融合することによって、馴染みのある曲が形を変えて音楽的な空間を作っていることを感じられたのではないでしょうか。

図6の活動は、プログラムの6番目に実施し、5番目の合唱で使っていたパッドを用いて行いました。合唱ではパッドをあたかもパネルのように使用し、ドレミの文字と絵を描いて、子ども達に見えるように掲げました。しかし、実はこのパッドが楽器であると種明かしし、どのように鳴らすのか、どんな音が鳴るのか問いかけながら活動に引き込んでいったのです。

実践例5　ドレミパッドを踏んでみよう

図6　プログラムの内容と構成

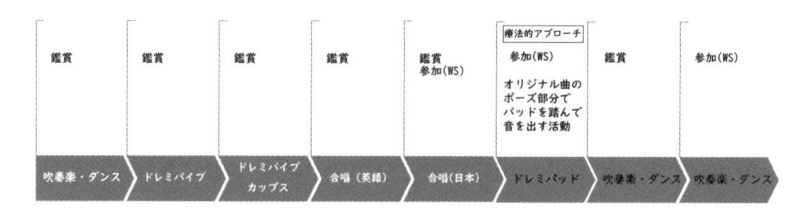

筆者作成

足で踏んで音を鳴らすドレミパッドはユニークな音色が特徴的ですが、「C, G, C」の3音だけを用い、オリジナル曲のポーズ（休符）の部分で

踏んで音を鳴らしてもらうものです。踏むだけで音が鳴るため、専門的な知識や技術は必要なく、ユニークな音色と「足で踏む」という点が加わり、子どもの「やりたい」気持ちを引き出すことができました。

　この活動は、「ポーズの間にパッドを踏む」という制約があるため、この活動にふさわしいオリジナル曲を作曲しました。ポーズが多少延びても不自然ではないような曲調にし、全員が終わったタイミングでいつでも終われるようにしました。また、ポーズの度に「C, G, C」の音が鳴るため、その和声に合うよう工夫しました。曲を演奏するピアノ奏者は、子ども達の踏むタイミングが多少ずれても柔軟に対応し、テンポやタイミングを合わせるように弾くことを心がけました。この活動は、前述した下川氏が実践している「タイコをたたこう（2009）」をヒントに、ドレミパッド用にアレンジしましたが、パッドには音高があるため、その点を調和させるための工夫が必要でした。

第4節　ミュージシャンシップに溢れた保育者・教育者になるために

　以上、音楽療法的アプローチの実践例をみてきましたが、これらは、いずれも保育者や教育者がもつべきミュージシャンシップの一部を発揮したアプローチです。ただし、30〜40分の一回きりの演奏会で鑑賞プログラムを含んだ構成だったため、即興的にやり取りを繰り返すような活動は含まれていません。

　第4節では、これらの実践を踏まえて、音楽を扱う保育者や教育者が、子どもの表現を支えるために、どのようにミュージシャンシップを発揮すべきかを述べていきます。

1 音楽に溢れた空間を創る

「音楽に溢れた空間」とは、音楽を無造作に流したり演奏したりすることによってできる空間を意味しているのではありません。音や音楽が子どもの耳に届き、子どもが身体で感じていることを意識して、意図的に用意された音楽と、その演出によって創られた空間を指します。

実践例1では、演者は「ドレミファソング」を演奏し続け、音楽を止めずに音楽的空間を創りだしています。楽器に触れる子ども、順番を待つ子ども、どちらにも心地よく響くよう和声に変化をつけ、時間的経過が単調にならないよう工夫しています。

実践例2では、音が子どもの頭上を覆うように、音のシャワーのように感じられるような隊形にし、音楽に包まれる体験を生み出しました。

実践例3では、鈴のついた紐を輪にして見立てたそりに乗って、音楽のリズムにのって鈴を鳴らしながら歩く行為は、「鈴を鳴らす」という楽器の演奏と、「リズムに合わせて歩く」という身体的行為によって、音楽の溢れた空間に身を置くことになります。

実践例4は、初めてトーンチャイムを手にする子どももいる中で、数分で奏法を覚え、カウンターラインの部分を子どもが演奏し音楽を創るというチャレンジングな活動でした。伴奏部分を子どもに託したため、途中で音楽の流れが止まってしまう可能性もありましたが、メロディ部分を演者が歌うことで、音楽の流れを止めず、音楽の溢れる空間を保持することができました。

これらは、ケネス・エイゲンが「創造的音楽療法」の特徴だとする「音楽中心主義」の考え方に基づいています。創造的音楽療法にみる音楽中心性は、①音楽を中心に用いること、②音楽体験そのものを重視し、自己成長のために整合させていくこと、③音楽の力、音楽的プロセス、音楽的構造に重点を置くことにあります。このような点に留意しながら音楽的空間を創り、時間と空間を操る力がミュージシャンシップとして求

めI6られます。

2　音楽で発信し、音楽で応答する

　音楽はノンバーバル・コミュニケーションの手段として有効で、音楽療法でもその機能を用いてセラピーを行います。保育者・教育者も音楽を扱う場合、音楽で発信し、音楽で応答できることによって、子どもの表現をより活性化させることができます。保育者・教育者が「音楽を発信する」行為は、これまでの保育・教育でもよく見かけましたが、音楽に方向性をもたせて発信すると「音楽で発信する」という行為に変化します。つまり、「音楽が子ども達にメッセージ性をもって届く」と言い換えることができます。また、子どもから発信される表現に対し、「音楽で応答する」行為が非常に重要です。これを実現させるためには、前述した即興的な表現が必要です。「音楽で発信し、音楽で応答する」行為が即興性と即応性をもって行われ、その場で柔軟性をもって対応することにより、音楽的なコミュニケーションが成立するのです。

　実践1では、演者が弾くピアノに、ミュージシャンシップが表れています。「子どもの動きに合わせた伴奏」とは、子どもの表現に寄り添った伴奏とも言えます。テンポだけでなく、最後の音（GあるいはC）を踏むタイミングを合わせて弾くことで、子どもは自分の演奏が「うまくいった」「成功した」という感覚になり、満足感を得ることができます。もし伴奏者が一定のテンポで弾き、最後の音のタイミングがずれると、「ずれてしまった」「うまくいかなかった」という感覚に陥ります。伴奏者の行為は、「音楽で即興的に応答している」といえます。

　実践5でも同様のことに留意しています。子ども達を曲の中に引き込み、その一部を演奏してもらうことで、演者と共に音楽を創る活動になっています。それぞれの子どもは、ドレミパッドを1回踏むだけですが、会場の空間には曲が流れ、曲中のポーズに合わせて踏むことによって音楽が止まらずに進行し、あたかも自分自身が音楽の一部を担っているよ

うな感覚になります。この時も演者は、子どもをよく観察しながら演奏し、ポーズの間にうまく音が出せない場合は、踏み終わってから次のフレーズを弾くよう心掛けました。万が一そのような演奏になっても、曲として違和感のない曲調にしたことも工夫した点です。ゆったりした曲調で、ポーズはフェルマータのような感覚で使い、音楽としてのまとまりを失わない範囲で演奏しました。音楽が自分の行為に合わせてくれる体験は、心地よい感覚を生み出します。

3　子どもの表現に寄り添い、発展させる

　子どもの表現に対し、即時に反応するには、保育者・教育者は子どもの表現を直感的に受容し、把握する必要があります。子どもが発信する音や音楽、表現に応答するために、子どもの音や音楽のテンポや音高を合わせたり、音楽的に不完全な部分を補強したりしながら、共に音楽を創っていきます。

　子どもの表現に寄り添うという意味では、実践例1、実践例3、実践例5で演者が行っていたように、「子どもの動きや表現に音や音楽を合わせる」ことが重要視されます。その一方で、寄り添いながら音楽の時間軸に戻していくようコントロールすることもあります。

　また、初めはシンプルな活動から始めますが、子どもから発信される表現に寄り添うだけでなく、さらにそれを発展させるために、音楽的なアイデアを駆使して表現を広げたり深めたりします。そこで必要なのは、即興性、即応性、そして様々な音楽的アイデアで、これらが子どもの表現を音楽的に支え、発展させることにつながっていきます。

　このようなミュージシャンシップは、一回性で短時間でのワークショップでは発揮しにくいといえます。即興的なやりとりには、相互を理解するための時間や、信頼関係を構築する時間が必要であり、多くの子ども達を対象とした場合、さらにそれは難しくなるからです。

　少人数における長期間にわたる活動の中で、ぜひ発揮したいのがこの

側面であり、今後の保育者・教育者がもつべきミュージシャンシップであるといえます。

4 子どもの快感情を引き出す

音楽表現は、知識・技能の向上と完成度を第一意義的な目的とせず、子どもの快感情を引き出すことに注視することが大切です。それは保育でも教育でも共通していることだと思います。まず、ファーストコンタクトで興味・関心を引き、試したり体験したりするうちに夢中になり、自己表現ができる状態になると、子どもは「楽しい」「またやりたい」という感情をもつようになります。このことは、これらの実践後に行ったアンケート調査からうかがえます。子ども達の「楽しかった」「またやりたい」等の感情は、音楽そのものがもつ様々な機能と、保育者・教育者のミュージシャンシップによって引き出されるものだと考えます。それは、保育者・教育者へのアンケートの回答に、「普段よりも生き生きとしていた」「いつもおとなしい子どもが、積極的に参加していた」等と書かれていたことからも明らかです。

このように、子どものポジティブな感情を引き出すことが、結果的に知識・技能の向上につながり、それぞれの発達に沿った学びを得ることになるのです。

【参考文献】

Aigen, Kenneth, *Music-centered music therapy*. Barcelona Publishers, NH. 2005.

秋山聖「療法的な音楽活動が高齢者の心の健康向上に及ぼす影響」『瀬木学園紀要』（1）、2007年、pp.151–154

伊志嶺朝次「音楽療法的アプローチによる音楽教育実践の試み―小学校レベルで考える―」『琉球大学教育学部教育実践研究指導センター紀要』

第 1 号、1993年、pp.31–36

小笠原文・狩谷美穂「幼児教育における表現教育プログラムの開発—仏・米・日の包括的教育の事例と応用—」（科学研究費助成事業研究成果　報告書）2017年

木下和彦「保育者・教員養成課程における即興演奏能力を育む学習プログラムの開発Ⅰ—実践の史的展開及び養成課程の現状の検討—」『淑徳大学研究紀要』54号、2020年、pp.133–149

ケネス・エイゲン、鈴木琴栄・鈴木大裕訳『音楽中心音楽療法』春秋社、2013年

駒久美子「幼稚園における創造的な音楽活動に対する保育者の意識—保育者を対象とした質問紙調査の分析を通して—」『音楽教育研究ジャーナル』第33号、2010年、pp.1–14

佐治順子『音楽でかかわる高齢者の心とからだ　すぐに役立つ スペシャリストの音楽療法』音楽之友社、2022年

下川英子『音楽療法・音あそび　統合保育・教育現場に応用する』音楽之友社、2009年

新川貴紀・福田道代・澤田悦子「健常高齢者が集団音楽療法に参加するということ」『北翔大学北方圏学術情報センター年報』第 1 号、2009年、pp.63–67

高山仁作編曲・著『特別支援教育・保育・音楽療法のために　みんなで音楽 「生きる力」をはぐくむ音楽活動』音楽之友社、2011年

多田羅康恵「他者とのかかわりに困難をかかえた子どもを支援できる音楽科の教師力—音楽療法の視点から」『音楽教育実践ジャーナル』Vol.5 No.2、2008年、pp.103–111

田﨑教子『音楽的活動における保育者の発信的・応答的能力の向上　クリニカル・ミュージシャンシップ援用の可能性』風間書房、2019年

田﨑教子「音楽教育における幼保小連携・接続はどうあるべきか（1）—「音楽あそび」と「音楽づくり」から探る—」『帝京大学教育学部紀要』第

12号、pp.75–84、2024年

田﨑教子「幼保小連携・接続における療法的アプローチの有効性」『日本保
　育学会第77回大会発表論文集』2024年

田﨑教子「幼保小連携・接続における療法的アプローチの有効性」日本保
　育学会第77回大会ポスター発表資料、2024年

中島寿・高倉弘光・平野次郎編著『音楽の力×コミュニケーションでつく
　る音楽の授業』東洋館出版社、2016年

根津知佳子・川見夕貴・和田朝美「音楽療法的アプローチの可能性と課題」
　『日本女子大学紀要』Vol.68、2021年、pp.27–36

福間友香・高橋雅子「特別支援学校における音楽授業の研究（１）―音楽
　療法と音楽中心主義音楽療法―」『山口大学研究論叢』第３部62、2012
　年、pp.215–225

横井志保「領域『表現』に関する調査研究―音楽的表現における保育者の
　意識と実態について―」『名古屋柳城短期大学研究紀要』33号、2011年、
　pp.125–130

第4章 豊かな心と言葉を育む読書

第1節 子どもの読書活動推進の意義

1 子どもの読書活動の推進に関する法律

「子どもの読書活動の推進に関する法律」（平成13年法律第154号）第2条には、基本理念として、「子どもの読書活動は、言葉を学び、感性を磨き、表現力を高め、創造力を豊かなものにし、人生をより深く生きる力を身に付けていく上で欠くことのできないものにかんがみ、すべての子どもがあらゆる機会とあらゆる場所において自主的に読書活動を行うことができるよう、積極的にそのための環境の整備が推進されなければならない」とあります。

この法律が制定された背景には、当時から懸念されていた活字離れの問題解決や自ら学び、考え、主体的に問題を解する資質の養成を、家庭や学校、図書館における読書活動に求めた点にあります。

この法律のもとで都道府県ならびに市町村で読書推進の取組が行われ、「子どもの読書活動の推進に関する基本的な計画」は、現在、第五次計画（令和5年3月閣議決定）まで推進されています。

2 読書活動推進の意義

近年、スマートフォン等の情報端末の普及が進み、世代を問わず生活の一部としてその使用が定着しました。その影響を受け、活字文化の主体となる新聞や様々な印刷物も、電子化が進んでいます。また、SNS

などのコミュニケーションツールの普及は、子どもの生活環境を大きく変え、手軽にあらゆる情報を閲覧、収集することができ、人との交流も手軽にできるようになった反面、簡易な文章や文体を多用するため、長い文章を読み解きながら思考する力や、多様な文章表現に接するといった場面が失われつつあります。

　全国学校図書館協議会による第68回学校読書調査（2023年）の結果では、2023年5月1か月間の平均読書冊数は、小学生は12.6冊、中学生は5.5冊、高校生は1.9冊でした。不読者（5月1か月間に読んだ本が0冊の児童生徒）の割合は、小学生は7.0％、中学生は13.1％、高校生は43.5％となっています。この調査結果では、高校生の不読者が多いことから読書が習慣化する必要性が感じられます。

　本章では、豊かな心と言葉の力を育む読書を目指して、幼稚園、保育所、小学校等で、子どもの読書活動が生活に定着するよう連携し、それを支えていくためには、どのような支援が必要かについて述べていきます。

第2節　乳幼児期における絵本の読み聞かせ

1　保育所、幼稚園等での読み聞かせ

「三つ子の魂百まで」と言われるように、特に、乳幼児期の読書の習慣は、豊かな心と言葉を育むためには大切な時期となります。

　生まれたばかりの子どもは泣き声や叫喚音（きゅうかんおん）を出し始め、生後2、3か月頃になると、喉の奥で「クークー」と鳴くような音（クーイング）から「アーアー」「ウーウー」などの声（喃語（なんご））を発するようになります。生後6か月頃には「マンマンマン」「バブバブ」のような喃語が盛んになり、このような音声に対し、大人が微笑んだり、うなずいたり、声か

けをしたり、言語的あるいは非言語的なやりとりを行うことで、コミュニケーションの存在に気付くようになります。その後に、目の前にいる相手に自分から声を出して呼びかけたり、興味あるものを指さししたり、あるいは大人の手を引いて要求を達成しようとしたり（クレーン現象）するなど、コミュニケーション行動が変化していきます。この時期は言葉を獲得する準備期と言えます。

この言葉を獲得する準備期に、幼稚園等の保育者には、乳幼児期の子どもに対しては、意味のある言葉（初語）を話し始める前からの受容的、応答的な関わり方が大切になります。保育者の表情や身振り、喃語を通した伝え合いの中で、信頼関係を深めていきます。1歳頃にはいくつかの単語を聞いて理解できるようになり、喃語から「ワンワン」「マンマ」などの一語文へと言葉が発達していきます。2歳くらいまでには二語文の質問ができるようになり、200語以上の言葉が分かるようになります。

読み聞かせは、本を声に出して読んであげる行為です。この言葉を獲得する準備期から、子どもは、読み聞かせで繰り返し読んでもらうことで、言葉の響きやリズムに触れ、言葉に対する感覚を豊かにし、そして、言葉を習得するとともに、想像したり、形象化したりする力、集中力等を培っていきます。保育者は、はじめはゆっくり読み、子どもが絵本の世界に入り込めるようにします。強弱、抑揚、緩急、間などに気をつけてはっきりしたよく届く声で読みます。

近年は日常的に、保育や幼児教育の現場でも活用されている児童文化財である、大型絵本や仕掛け絵本、紙芝居、ペープサート、パネルシアター、ブラック・パネルシアター、エプロンシアター、ストーリーテリング、ブックトーク、アニマシオン、ビブリオバトルなど多彩な表現形式で絵本を紹介したり、読み聞かせを行ったりしています。

2　発達段階に応じた絵本の選書

読み聞かせの配慮としては、発達段階に応じて選書することが大切で

す。赤ちゃんが一語文、ワンワン、ニャーニャーという言葉をしゃべるようになったら、そろそろ絵本による学習を始めるタイミングです。この時期に、最初に読み聞かせをする絵本に再認絵本があります。子どもが実際に見たものを絵で再確認させるもので、ディック・ブルーナ作の『どうぶつ』や柳原良平作の『やさいだいすき』など多数あります。次には、単純な筋の絵本、「はじめ、なか、おわり」の三段構成の絵本、起承転結の文章構成の絵本、複雑な筋の絵本と進みます。子どものお気に入りの絵本が増えることが大切で、3歳ぐらいから自分で絵本を選ぶこともできます。その際、挿絵が楽しいからなど、話の筋とは関係がなく選んでも、自分で本を選ぶという行為が読書習慣形成には有効で、いつでも好きな時に絵本を取り出せる環境設定が大切になります。保育者が読み聞かせをする本に影響を受ける子どもは少なくありません。例えば、保育者が昔話を多く読み聞かせすると、子どもは昔話を好きになったり、好きな保育者が本を読めば、子どももその本を好きになったりするのです。保育者も子どもの読書環境と言えるでしょう。日常生活に必要な言葉が分かるようになるとともに、子どもは、絵本や物語などに親しみ、言葉に対する感覚を豊かにし、保育者や友達と心を通わせるようになっていきます。

　2017（平成29）年告示の「幼稚園教育要領」、「保育所保育指針」、「幼保連携型認定こども園教育・保育要領」において、修了時の具体的な姿を分かりやすく示すものとして、「幼児期の終わりまでに育ってほしい姿（10の姿）」を示し、指導を行う際に考慮することと明記されました。保育内容「言葉」に関して示されているのは、「先生や友達と心を通わせる中で、絵本や物語などに親しみながら、豊かな言葉や表現を身に付け、経験したことや考えたことなどを言葉で伝えたり、相手の話を注意して聞いたりし、言葉による伝え合いを楽しむようになる」という姿です。この姿の実現には、保育者が、機会を捉えて数多く読み聞かせを行うことが重要です。

第3節　小学校における読書

1　小学校の国語科学習

　小学校では、小学校学習指導要領に即して、教科、領域等のねらいや単元題材の目標や本時の目標を達成させる教材、教具として絵本や物語を活用しています。国語の教科書には『おおきなかぶ』など、多くの絵本が物語教材として取り上げられています。その内容は、低学年では、「はじめ、なか、おわり」の三段構成で場面ごとに、場面の内容と挿絵がたくみに呼応していて、事柄の順序やあらすじが分かりやすい絵本を教材として取り上げるなど、言葉がもつよさを感じるとともに、楽しんで読書をし、国語を大切にして、思いや考えを伝え合おうとする態度を養うことを目標としています。中学年では、段落相互の関係や場面相互の関係を捉えることで話の展開を把握できるような絵本を教材として取り上げ、言葉がもつよさに気づくとともに、幅広く読書をし、国語を大切にして、思いや考えを伝え合おうとする態度を養うことを目標にしています。高学年では、序破急の三段構成や起承転結の文章構成を理解し、登場人物の生き方に寄り添うことで作品の主題に迫る読みができる絵本を教材として取り上げています。

　そうすることで、言葉がもつよさを認識するとともに、進んで読書をし、国語の大切さを自覚して、思いや考えを伝え合おうとする態度を養うことができます。小学校での国語科学習と他教科等での学校図書館を活用した読書を通して読書習慣を身に付けた子どもは、人間の生き方等について思考、判断して、深い読解力や言語感覚など豊かな感性を身に付け、感動を言葉で適切に表現できるようになるのです。

2　学校図書館を活用した読書活動

　学校図書館は、「学校の教育課程の展開に寄与するとともに、児童又

は生徒の健全な教養を育成すること」を目的とするものであり、読書センター、学習センター、情報センターとしての役割を担っています。

　図書館は心のオアシスであり、子どもが気軽に来て本を手に取り、選書したり、好きな本を読むことに没頭できたりする空間であることが望まれます。子どもが生き生きとして学校生活を過ごせるようにするためにも図書館が子どもの「心の居場所」となる機能を一層充実させることが大切です。

（1）年間目標読書冊数の設定

　年度初めに、前年の全校平均貸出冊数や自分の貸出冊数を参考にして、一年間の目標読書冊数を個人で設定し、めあてカードに記録します。自分の読書量を設定することで、読書への意欲を高めることができます。読書冊数以外にも、「返却日を守る」や「いろいろな分類の本も読む」などいくつかめあてを挙げ、その中から一年間がんばりたいことを決めます。

（2）各教科等の学習に寄与する

　国語科の学習では、主教材を読む力の育成のために、並行読書（学校図書館にある同じ作者の本などを読む活動）は効果的な活動と捉えられています。同じ作者の作品を読むことで、作者の描く世界をより広く、深く知ることができます。また、作品と同じテーマの別の作者の作品を読むことで、そのテーマの価値を深めることができます。このようにすることで、読解力向上や学力向上が期待できます。また、社会科や理科、総合的な学習の時間などで、学校図書館の学習センターとしての機能を活用した調べ学習では、その学習活動を年間の教育課程（カリキュラム）に位置付けて毎年継続できるようにすることが重要です。

（3）組織的に取り組む読書支援

○全校一斉朝の読書タイム

　全教職員共通理解のもと、朝の読書を10分間の帯で設定します。「朝読」を継続すると、短い時間ですが、落ち着いて読むことで集中力が身に付きます。読む姿勢が定着したり、生活習慣が身に付いたりすることにもつながります。本を読む習慣がなかった子どもが本好きになることが可能になるのです。

○図書委員会・読書リーダーの活動

　児童で組織する図書委員会や希望者で組織する読書リーダーは、「子ども読書の日」や「各学期の読書週間」では、各クラスに本の読み聞かせを行い読書に親しむ環境づくりを工夫していきます。

○幼小連携による読書活動

　幼稚園と連携し、スタートカリキュラムを推進している小学校も増えてきています。そこでは、幼小の読書活動の連携・推進を行っていて、小学校の図書館を幼稚園に利用してもらうことで、読書好きな子どもを育てたり、読書リーダーの児童が幼稚園へ出向き、ペープサート、パネルシアター、読み聞かせ、手遊びでの交流を行ったりしていくなど様々な読書活動が展開されています。このような児童と園児の温かいふれあいのある読書活動の積み重ねが、心豊かな子どもの育成につながります。

○家庭での「家読」の取組

　「家読の日」を設定し、全学年家庭学習の中に読書を位置付けます。「家読」をしたら「読書の記録カード」に、本の名前・著者・読んだ日・一言感想等を書き、保護者にサインをしてもらい、家庭でも読書に親しむようにしていくなど、各学校で工夫して取り組むことが期待できます。

　筆者が校長として学校で取り組んでいた時に、子どもと一緒に読書をした保護者から次のような感想をもらいました。「いつもテレビをつけている時間に本読みをすると、とても静かで集中力もあり、心地よい時間を過ごすことができました。これからも少しずつ実行していきたいと

思います。」、「家にもたくさんの本がありますが、平日自分から進んで読むことはありませんでした。今回、図書館に出かけ、目新しい本に飛びつきよく集中して読んでいました。」など、家読での我が子の変化が述べられています。家読の継続的な取組により、児童の読書は習慣化・生活化が図られ、読書を楽しむ子どもを育てることができました。このような家族との温かいふれあいのある読書活動の積み重ねにより、心豊かな子どもが育っていくのではないでしょうか。

○行事・文化・集会活動

　学校では、子ども読書の日や秋の読書月間（図書館まつり）に読書集会等を行っています。豊かな心を育む読書活動は、学校行事を通して組織的に児童が一堂に集まって、集会活動や読書活動を行うことで、多くの児童に読書の楽しさを味わわせたいものです。保護者や地域の人も招待し、読書ボランティアの発表も児童の発表と一緒に行うことで、読書活動は、深化していきます。このような文化的行事により、平素の学習活動の成果を発表し、その向上の意欲を一層高めたり、文化や芸術に親しんだりするような活動を行うことができます。また、学校行事を通して、望ましい人間関係を形成し、集団への所属感や連帯感を深め、公共の精神を養い、協力してよりよい学校生活を築こうとする自主的、実践的な態度を育てることができるのです。

（4）日常の個に応じた読書支援

　読書離れの原因は、個人的な要因、家庭の要因、社会的な要因、学校教育の要因など複合的な要因が重なっています。そのため、学校司書や担任等による日常生活での子ども一人一人に応じた具体的な支援が重要です。

　担任は、朝の会、帰りの会、ホームルームを活用して、担任としての「おすすめの本」を紹介することができます。また、絵本や短編の本の読み聞かせをしたり、ブックトークをしたりもできます。各教科の指導

や特別の教科道徳、特別活動、総合的な学習の時間等で積極的に図書館を活用したり、福祉施設や幼稚園、保育園での読み聞かせをしたりする活動を通して、他者への思いやりやコミュニケーション能力を育むことができます。このような人とのふれあいのある読書支援により、多くの読書好きな子どもが育つと考えられます。子どもの心に寄り添って、「今、どんな本を読んでるの?」と直接子どもに声をかけたり、適切な資料を提供したりすることが大切です。また、学校司書が図書館で困った様子の子どもたちに声をかけ、選書に困っていたら、興味がありそうな本について、少し読み聞かせをしてあげたり、ブックトークをしてあげたりする対応も望まれます。

　図書館は、心のオアシスです。子どもが気軽に来て、本を手に取り、選書したり、好きな本を読むことに没頭できたりする空間であることが望まれます。子どもが生き生きとして学校生活を送れるように、学校司書は、図書館が子ども達の「心の居場所」となる機能を充実させることが大切です。

　小学校では学級担任が、個人の読書の記録等をもとに、個々の読書傾向を児童に把握させます。十進分類法により、9類の文学に偏りがちな子どもには、他の分類の図書資料も読むように指導します。しかしながら子どもによっては、自分の好きな本が決まっていて、他の本を受け入れがたい傾向が見られる場合があります。そのため、十進分類法による読書指導等のこうあるべきという立場で司書や学級担任が指導すると、途端に読書意欲が減退し、図書館に足を運ぶことも拒否するようになったという事例もあります。この場合、学校司書や学級担任は、当該児と同じ目線で、受容し、共感しながら読書意欲を引き出すことが大切です。

（5）読書ボランティアとの連携

　読書ボランティアは、団体として自治体社会教育課に登録されていて、小学校を中心に毎週1回以上（決まった曜日）児童を対象に読み聞かせ

を行っています。子どもたちに豊かな感動体験を味わわせ、読書の楽しさに気付かせ、読書を愛する心豊かな子どもを育てたいという思いや願いを持って活動しています。

　また、学校側も図書館行事で読み聞かせボランティアに積極的に参加してもらえるよう、ボランティア連絡会を定期的に開くなどして連携が円滑に行えるよう工夫がなされています。朝の読書活動だけでなく、読書集会などでも発表してもらい、読書の楽しさを児童に味わわせる取組がなされています。

　図書館ボランティアとの連携のねらいは、読書の習慣化・生活化を図り、読書を楽しむ子どもを育てることにあります。また、毎日の読書を通して、豊かな感性と考える力を育み、学習基盤を育てることも挙げられます。

　読書ボランティアとの連携の成果としては、学校関係者とは異なる選書の仕方で、出会える絵本や児童書に広がりをもたせられることが挙げられます。ボランティアと連携した読書活動・環境整備等により、児童の読書に対する関心と意欲が高まり、児童の読書量が増えていくことが期待できるのです。お話会でのわらべうた、手遊び、昔ばなしの語り、読み聞かせ、本の紹介という内容を子どもたちはとても楽しみにしています。紹介してもらった本を参考にして、本を借りる子どもはとても多く、図書購入の希望を取ると、必ずといっていいほどお話会で紹介された本がリクエストされています。読書ボランティアとの連携は、子どもの本に対する興味・関心の幅を広げ、読書活動を豊かにすることにつながっています。

第4節　小学校教員と読書ボランティアへのアンケート調査から

　教員72名、読書ボランティア41名に読み聞かせに対するアンケート調査を実施しました。調査対象の読書ボランティア団体は、全学年で読み聞かせを実施していて、読み聞かせ回数は年間150回を超えています（ただしコロナ禍のもとでは回数は減じている）。

　次に、読み聞かせ等の活用の仕方（目的、内容、方法等）を自由記述で回答してもらいました。また、読み聞かせにどのような効果を期待しているかについての12項目は4段階評価で、その他の考えは、自由記述で回答してもらいました。比較分析にあたっては、「カイ二乗検定」という統計的手法で比較分析を行いました。

1　共通する考え

　アンケート調査によると教員と読書ボランティアは、読み聞かせに対して共通の考えを持っていました。読書ボランティアは、読み聞かせをする月別にリストを作成しています。リストを参照すると、学年ごとに選書してあり、各学年の国語科や生活科等の学習の進路を意識しながら、その進路に関連した絵本や図鑑が団体で選書され、絵本、昔話、科学の本、シリーズものなどが読み聞かせされていました。また、読み聞かせをした絵本は200冊以上と回答し、毎年、1年間の各学年各クラスの読み聞かせした本を記録した活動報告書も作成し、読み聞かせを行った後には、ミーティングを全員で行い、その会議録も残されていました。

　このように、長い間、読み聞かせで定期的に小学校と関わっているボランティア団体のスタッフは、学校の教育活動、国語科などの教科指導に役立つ絵本や図鑑の読み聞かせをするなど、教員と同じ思いや願いで選書していることが分かりました。そして、子どもが、作品の世界を楽しむという読み聞かせの効果を期待しています。さらに、想像力を働か

せ、イメージを豊かに、登場人物の気持ちに子どもたちを触れさせよう
としているのです。また、教員は、子どもたちが同じ作者の本やおすす
めの本を読むことで、文字数の多い本にも関心を広げることに期待して
います。読書ボランティアも、子ども自身が本を選ぶ時に、絵本から文
字数の多い本へ移行できるように、童話を積極的に紹介しています。両
者ともに子どもたちが、文字数の多い童話に親しむことを意識している
のです。

　また、「幼小接続」が円滑になるように、小学校低学年での教員は、
同じ作者のシリーズの本や絵本の読み聞かせに力を入れています。読書
ボランティアは、ブラック・パネルシアターで、生活科の学校探検と関
連させて、朝読の紹介や学校図書館に本が数多くあることを知らせてい
ます。「１年生が、学校生活に慣れるように」との教育的配慮がなされ
ていることから、教員も読書ボランティアも、幼小の円滑な学びを期待
して読み聞かせをしているのです。

　読み聞かせには、「同化する楽しさ」、「想像力」、「語彙力」、「読書習慣」、
「言語感覚」、「文字に関心」、「知的好奇心」、「理解力・思考力」に関して、
それぞれを高めるという共通の考えがうかがえます。

2　両者の考えの違い

　アンケート調査から、教員と読書ボランティアでは、読み聞かせの活
用の仕方に、考えの違いが見られました。

　主として、「知識・視野」、「感性・情緒」、「意欲・集中力」の３項目
についてです。

　まず、「知識・視野」に関しては、教員は絵本や図鑑を、生活科でヒ
ントカードづくりをするという本時の目標を達成させる教材、知識とし
て身に付けさせる手立てとして活用しています。しかし、読書ボランティ
アは、季節の行事についての本で日本文化を知らせたり、実物を見せた
り、実験をして見せたりするなどして、絵本や図鑑を「知識・視野」を

広げるテキストになると積極的に捉えています。このように、両者の活用の仕方には、明らかな違いがあります。

次に、「感性・情緒」に関しては、教員は、児童がイライラしている時に読み聞かせをすることで心が落ち着く効果があると、日常の学校生活での効果を指摘しています。一方、読書ボランティアは、読み聞かせを続けることで、児童が自ら落ち着きたい時に静かに読書をし、心を落ち着かせるという効果を期待しています。教員は生徒指導の側面から読み聞かせを捉え、読書ボランティアは児童が自ら読書をすることで、生涯を通して本を好きになってほしいという願いとして読み聞かせを捉えています。

最後に、「意欲・集中力」に関しては、教員は、授業に集中するように授業の導入段階で読み聞かせを活用しています。しかし、読書ボランティアは、1時間目の授業への意欲付けになるように、朝の読み聞かせを行っています。

3　豊かな心と言葉を育む読書を目指して

アンケートの自由記述によると教員、読書ボランティアともに、読み聞かせ、読書の効果は、子どもの豊かな心を育てるという人間形成に資すると考えていることが分かりました。

教員の自由記述からは、「読書ボランティアから読み聞かせしてもらうことは、活用を促す場で、社会性を身に付ける第一歩になり得る」「読んでくれる人への信頼関係、愛着が生まれる」「児童文化財の体験を積んで、心が豊かな子が増える」といった読書への期待がうかがえました。

一方、それは読書ボランティアの自由記述からは、絵本の読み聞かせの効果として、読書の楽しさを感じさせたり、本を好きになってもらったりすることを挙げ、それは、豊かな心を育てるという人間形成に資すると考えていることが分かりました。読み聞かせの楽しさを子どもに感じさせることに力を注いでいることは、乳幼児期の保育者が、読み聞か

せにより、子どもに、言葉を伝え合う楽しさを感じさせていることに通じるものであり、読書ボランティアは、幼児期における保育者の役割を担っていると考えられます。

　以上述べてきたことは、以下に掲載した図（**図1〜図4**）と表（**表1、表2**）をもとに考察しています。

図1　教員の児童文化財活用（自由記述から）

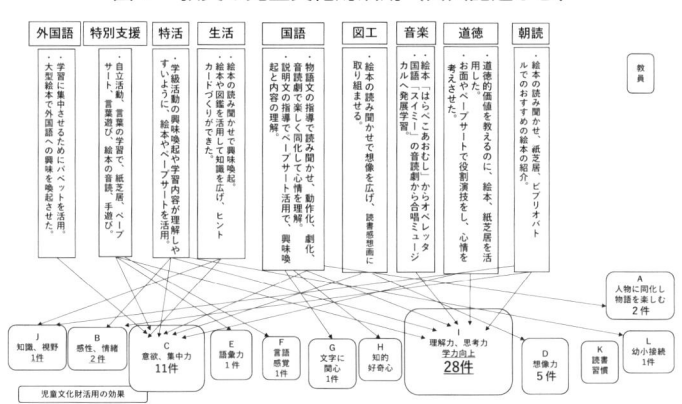

筆者作成

図2　読書ボランティアの児童文化財活用（自由記述から）

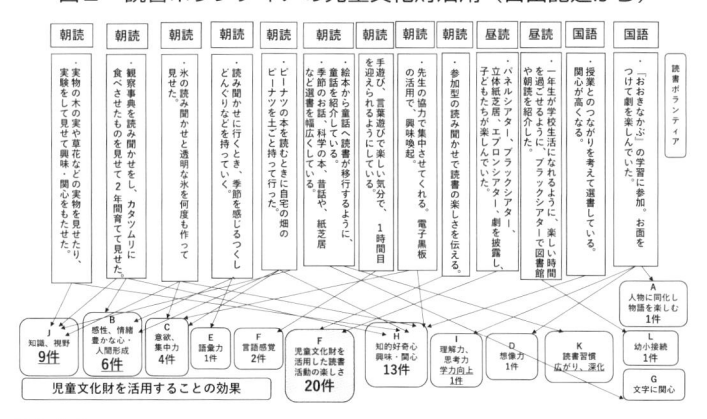

筆者作成

表1　教員　重要だと思われる理由（n=72）

	1あてはまる	2ややあてはまる	3あまりあてはまらない	4あてはまらない	平均値	標準偏差
A 同化する楽しさ	57	12	0	3	1.292	0.676
B 感性・情緒	61	9	0	2	1.208	0.576
C 意欲・集中力	46	18	6	2	1.500	0.764
D 想像力	64	6	0	2	1.167	0.553
E 語彙力	59	11	0	2	1.236	0.589
F 言語感覚	55	15	0	2	1.292	0.611
G 文字に関心	43	20	8	1	1.542	0.744
H 知的好奇心	55	13	2	2	1.319	0.663
I 理解力・思考力	48	20	2	2	1.417	0.682
J 知識・視野	46	22	2	2	1.444	0.685
K 読書習慣	54	14	2	2	1.333	0.667
L 幼小接続	43	24	4	1	1.486	0.667

筆者作成

表2　読書ボランティア　重要だと思われる理由（n=41）

	1あてはまる	2ややあてはまる	3あまりあてはまらない	4あてはまらない	平均値	標準偏差
A 同化する楽しさ	32	8	1	0	1.244	0.483
B 感性・情緒	40	1	0	0	1.024	0.154
C 意欲・集中力	33	8	0	0	1.195	0.396
D 想像力	39	2	0	0	1.049	0.215
E 語彙力	38	2	1	0	1.098	0.370
F 言語感覚	36	3	2	0	1.171	0.489
G 文字に関心	28	9	4	0	1.415	0.662
H 知的好奇心	36	5	0	0	1.122	0.327
I 理解力・思考力	33	7	1	0	1.220	0.469
J 知識・視野	35	6	0	0	1.146	0.353
K 読書習慣	35	5	1	0	1.171	0.436
L 幼小接続	29	10	2	0	1.341	0.568

筆者作成

図3 教員の重要だと思われる理由（自由記述）

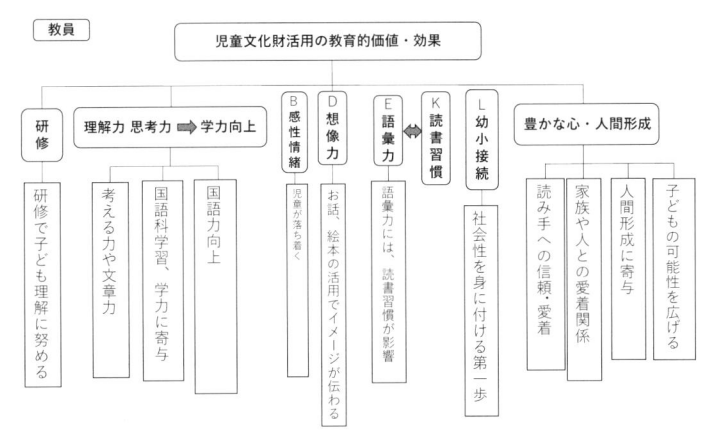

筆者作成

図4 読書ボランティアの重要だと思われる理由（自由記述）

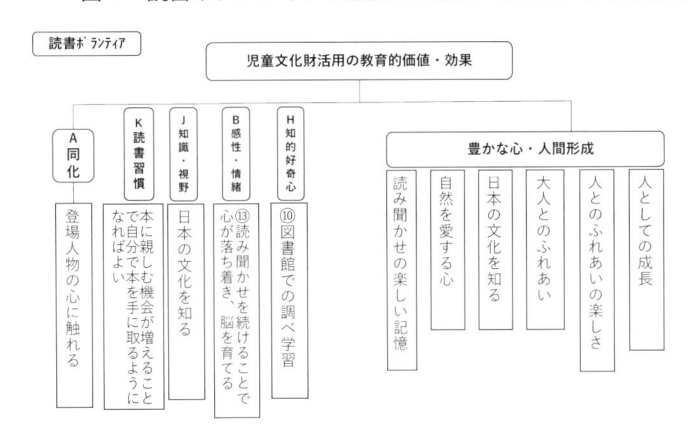

筆者作成

2 読書活動の教育的効果

以上本章では、豊かな心と言葉を育む読書について述べてきました。読書活動の教育的効果をまとめると次のことが挙げられます。

① 同化する楽しさを高める

　子どもは、登場人物に同化して、音読したり、動作化したりして、物語の世界を遊ぶことができます。

② 感性・情緒を育てる

　子どもは、絵本のストーリー、展開に感動しながら、絵本の世界を思い描くことを繰り返す中で、豊かな感性・情緒を育てることが期待できます。

③ 意欲・集中力を高める

　子どもは、絵本の読み聞かせを楽しみに、期待感を持って聞き入ることで、意欲・集中力を高めることにつながります。

④ 想像力を高める

　子どもは、絵本の世界を形象化することで、想像力、思考力を高めることができます。

⑤ 語彙力を高める

　日常生活における会話からの語彙の獲得に加えて、絵本の読み聞かせ等による言語体験が、子どもの語彙力を高めます。

⑥ 言語感覚を身に付ける

　子どもは、絵本の読み聞かせを聞いて、本文の繰り返しの言葉や擬態語、擬音語等、作者の文章表現の工夫により、言葉を意識することができるようになり、豊かな言葉や表現から、言語感覚を身に付けることができます。

⑦ 文字に関心を持つ

　幼小接続期では、子どもは、幼児期の絵本の読み聞かせにより、挿絵だけでなく、文字に関心を持つことで、小学校入門期の文字の学習に円滑につなぐことができます。

⑧ 知的好奇心（興味・関心）を満たす

　絵本に描かれている物語の世界は、日常生活で経験したことがないことや非日常の世界が描かれているために、子どもの知的好奇心（興味・

関心）が満たされます。

⑨　理解力・思考力を育む

　子どもは、絵本や図鑑等から様々な情報を得て、納得したり、考えを巡らしたりを繰り返すことで、理解力や思考力を育むことができます。

⑩　知識や視野を広げる

　子どもは、絵本や図鑑等から様々な情報を得て、知識や視野を広げることができます。

⑪　読書習慣を身に付ける

　子どもが、読み聞かせを数多くしてもらうことは、小学校に入学して文字を習うようになると、積極的に自分で本を手に取り、読んでみようとする読書習慣を身に付けることにつながります。

⑫　幼保小の接続に寄与する

　絵本の読み聞かせをはじめとする絵本等の児童文化財活用は、子どもの幼稚園・保育所の学びから小学校での学びをつなぐ役割を担っています。

⑬　学力の向上に寄与する

　幼児期に絵本の読み聞かせ等による言葉のやりとりを活発にすることで、子どもの小学校に入学してからの教科・領域での学び、確かな学力の向上に寄与することができます。

⑭　豊かな人間性を育む

　絵本の読み聞かせから出発してしだいに読書習慣が身に付くようになると、子どもは、登場人物の生き方に触れ、多くの情報から思考したり、判断したり、表現したりするようになっていきます。それが、自分を見つめ、自己成長につながり、豊かな人間性を育みます。

【引用・参考文献】

文部科学省「子どもの読書活動の推進に関する法律（平成13年法律第154号）第2条」〈https://www.mext.go.jp/ a _menu/sports/dokusyo/hourei/cont_001/001.htm〉（2024.8.23最終アクセス）

文部科学省「第五次『子どもの読書活動の推進に関する基本的な計画』について（ 4 文科教 第1858号 ）」〈https://www.mext.go.jp/ b _menu/hakusho/nc/mext_00072.html〉（2024.8.23最終アクセス）

厚生労働省『保育所保育指針〈平成29年告示〉』フレーベル館、2017年

内閣府・文部科学省・厚生労働省『幼保連携型認定こども園教育・保育要領〈平成29年告示〉』フレーベル館、2017年

文部科学省『小学校学習指導要領（平成29年 3 月告示）』東洋館出版社、2018年

全国学校図書館協議会「第68回学校読書調査（2023年）」〈https://www.j-sla.or.jp/material/research/dokusyotyousa.html〉（2024.8.23最終アクセス）

咲間まり子「第13章　言葉と国語教育―小学校教育へ―」駒井美智子編『保育者をめざす人の保育内容「言葉」』みらい、2015年

文部科学省『小学校学習指導要領（平成29年告示）解説　国語編』東洋館出版社、2018年

永井勝子「第 5 章　幼小接続期の保育・教育と児童文化財」現代保育問題研究会編『保育・教育の実践研究：保育をめぐる諸問題Ⅳ』（現代保育内容研究シリーズ 6 ）一藝社、2023年

永井勝子「第 2 章　保育・教育における絵本の教育的効果」現代保育問題研究会編『現代保育の理論と実践Ⅰ』（現代保育内容研究シリーズ 7 ）一藝社、2023年

永井勝子「幼小接続期における児童文化財活用の現状と課題―小学校の言語活動を中心に―」星槎大学大学院修士論文、2022年

ディック・ブルーナ文・絵、まつおかきょうこ訳『どうぶつ』福音館書店、

2015年

柳原良平『やさい だいすき』こぐま社、2004年

アーノルド・ローベル作、三木卓訳『ふたりはともだち』文化出版局、
1987年

『こくご2　下巻　赤とんぼ』光村図書出版、2024年

第5章　学校場面におけるいじめ予防のための実践力を高める教職課程の授業

第1節　本章の目的と構成

1　本章の目的

　本章のテーマは、日本の社会においていじめが生じないようにするために役立ちたいという筆者の願いに基づいて設定しました。すべての子どもたちが健やかに過ごすことのできる社会を構築することは、重要な課題であると考えます。いじめは基本的な権利を踏みにじる人権侵害です。2013年にいじめ防止対策推進法が成立し、施行されました。その後もいじめは重大事態とみなされ、第三者委員会が検証する事案は後を絶ちません。

　この現状を変革するためには、多くの関係者が提唱しているように、学校においていじめ問題の予防と解決に向けて、実効性のある取り組みを推進していくことが求められています。近年、とりわけ予防のための取り組みが内外を問わず重視されています。この課題において、教員の果たす役割は大きな意味をもちます。

　以上により、本章の目的は、教員免許取得を目指す学生が学ぶ教職課程の授業において、いじめ予防のために教員が身に付けるべき実践力の基礎的内容とすべき事項について検討し、誰もが日常的に取り組むことができるいじめ予防のための内容と方法を考究することです。

2　いじめを取り上げる教職課程の授業

　教職課程においていじめに関する事項が取り上げられているのは、一般に「生徒指導」と「教育相談」という用語が含まれている二つの科目です。その2科目の指導すべき指標、基準を示したのが教職課程コアカリキュラムです（文部科学省, 2024）。これは、学生が卒業時までに修得して身に付けるべき実践的能力を「到達目標」として示したものとされています。（牛渡, 2017）。記載されているすべての科目に共通して、全体目標の下に、一般目標と到達目標が設定されています。

　本項では、先述の2科目に関して、教職課程コアカリキュラムにおいて科目の意義や目標、いじめがどのように位置づけられているのかについて述べます。

（1）　生徒指導

　科目「生徒指導」は教職課程コアカリキュラムにおいて、「生徒指導の理論及び方法」という名称で位置づけられています。全体目標において、学校教育における生徒指導の意義は「一人一人の児童及び生徒の人格を尊重し、個性の伸長を図りながら、社会的資質や行動力を高めることを目指して教育活動全体を通じ行われる、学習活動と並ぶ重要な教育活動である。」とされています。この意義に基づいて、学生が身に付ける事項として「他の教職員や関係機関と連携しながら組織的に生徒指導を進めていくために必要な知識・技能や素養」が規定されています。上述の全体目標の下に、①生徒指導の意義と原理、②児童及び生徒全体への指導、③個別の課題を抱える個々の児童及び生徒への指導という三つの項目が設定され、項目ごとに一般目標と到達目標が記されています。このうちいじめに関しては、③の事項の到達目標に「暴力行為・いじめ・不登校等の生徒指導上の課題の定義及び対応の視点を理解している。」と示されています。

（2）教育相談

　「教育相談」や「教育相談支援」と称される科目について述べていきます。この科目は、教職課程コアカリキュラムでは、「教育相談（カウンセリングに関する基礎的な知識を含む。）の理論及び方法」という名称で表されています。全体目標において、幼児、児童及び生徒にとっての教育相談そのものの教育的意義が次のように述べられています。それは、「自己理解を深めたり好ましい人間関係を築いたりしながら、集団の中で適応的に生活する力を育み、個性の伸長や人格の成長を支援する教育活動」であるという点です。この意義に基づいて、学生が身に付けるべき事項として、「幼児、児童及び生徒の発達の状況に即しつつ、個々の心理的特質や教育的課題を適切に捉え、支援するために必要な基礎的知識（カウンセリングの意義、理論や技法に関する基礎的知識を含む)」ことが示されています。この全体目標に到達すべく、次の三つの項目、すなわち、①教育相談の意義と理論、②教育相談の方法、③教育相談の展開が設定されています。

　いじめという用語は、③「教育相談」の展開の到達目標のうちの一つにおいて、「いじめ、不登校、不登園、虐待、非行等の課題に対する、幼児、児童及び生徒の発達段階や発達課題に応じた教育相談の進め方を理解している。」と記載されています。

　「生徒指導」、「教育相談」の両科目においていじめに関して到達目標とされるのは、生徒指導上の課題の定義および対応の視点、また教育相談の進め方を理解しているということです。

　本章の内容は、教職課程の学生がいじめの予防に関する必要事項を理解している段階から、実践に向けて一歩踏み出すことを目指しています。その一歩がいじめのない、どの子どもにも居場所のある学級、学校づくりに大きく寄与すると考えます。学校現場においていじめ予防に必要とされる実践力を発揮するための土台を築くために、どのような授業が望ましいかについて、検討することを本章の目的としています。

3　本章の構成

　第2節及び第3節においては、これまで多くの専門家によって連綿と積み上げられてきたいじめに関する基礎的理論について述べていきます。第4節においては、①いじめを生じさせない人間関係づくりのための学校での取り組み、②いじめ予防のための共感性を伸ばすことを志向した学校における子どもたちを対象とした授業実践について検討します。

第2節　いじめの本質と問題性

1　いじめの定義

　2013年に制定されたいじめ防止対策推進法の目的は、「いじめを受けた児童等の教育を受ける権利を著しく侵害し、その心身の健全な成長及び人格の形成に重大な影響を与えるのみならず、その生命又は身体に重大な危険を生じさせるおそれがあるものであることに鑑み、児童等の尊厳を保持するため」と定められています。第2条において、いじめとは何かについて、「児童等に対して、当該児童等が在籍する学校に在籍している等当該児童等と一定の人的関係にある他の児童等が行う心理的又は物理的な影響を与える行為（インターネットを通じて行われるものを含む。）であって、当該行為の対象となった児童等が心身の苦痛を感じているものをいう。」と定義されています。

　この定義に影響を与えたとされる海外の研究者によるいじめの定義があります。国際的ないじめ研究の第一人者であるダン・オルヴェウス（Olweus, D. 1931〜2020）（2007）によるいじめの定義は、「ある生徒が、繰り返し、長期にわたって、一人または複数の生徒による拒否的行動にさらされていること」とされています。この拒否的行動とは、「ある生

徒が他の生徒に意図的に攻撃を加えたり、加えようとしたり、怪我をさ
せたり、不安を与えたりすること、つまり基本的には攻撃的行動の定義
に含意されているもの」とされています。これに対する補足的な事項と
して、「身体的または心理的に同程度の力をもった二人の生徒」の間で
起きる拒否的行動は、いじめに当たらないとし、両者の力が不均衡であ
ることを定義に係る要件としています。

2 いじめを生じさせる集団の構成

日本においていじめ研究に多大な功績をもたらした教育社会学者の森
田（2010）は、いじめと認められる事象を捉える際に、被害者と加害者
という二つの立場に加えて、二者を取り巻く観衆と傍観者の立場がある
ことを提起しました。それはいじめ集団の四層構造モデルとよばれるも
のです（**図1**）。この立場のうち、観衆は直接いじめにかかわる加害行
為をする立場ではありません。しかし、その場に居合わせてはやし立て
たり、あおったりする行為をします。観衆は、いじめの加害者に対して
積極的な承認と支持を示す存在となります。傍観者は、いじめの場面に
居合わせながらも、いじめを助長する行為も止める行為もしません。見
て見ぬふりをする立場です。この傍観者の態度は**図1**に示すように、加
害者を暗黙のうちに支持する存在となります。その存在は、いじめを促
進する作用を発揮します。一方、傍観者がその立場を脱し、いじめを止
めることや当事者間の仲裁をする側になることも示されています。この
立場の変容はいじめを抑止する作用を発揮する層の生成を意味します。

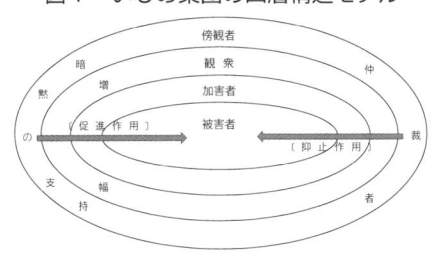

図1　いじめ集団の四層構造モデル

出典：森田洋司『いじめとは何か　教室の問題、社会の問題』

　いじめにおける傍観者について、看過できない知見があります。森田らの調査（1985, 1990）によれば、いじめの被害の多さは、学級内の加害者の人数や観衆の人数と比較して、傍観者の人数と最も高い相関を示しているという点です。このことを踏まえるならば、**図1**の右側に示されている抑止・仲裁をする立場への傍観者の変容がいじめの解決に大きな意味をもつといえます。教員に求められているのは、学級の子どもたちが傍観者ではなくいじめを止めたり、当事者を仲裁したりすることができるよう、学級の人間関係を調整することであると考えられます。

3　国際比較調査で示された日本のいじめの特徴

　森田（2010）は、いじめが起きても止まりやすい国と止まりにくい国があることを指摘しています。日本はそのどちらに該当するのでしょうか。森田らが1997年に実施した国際比較調査の結果がまとめられています（森田, 2010）。本項ではそのうち2点に着目して報告します。

（1）被害率と「長期・頻回型」の出現率
　一つ目は、いじめに遭う被害率と長期・頻回型の出現率についてです。比較調査における対象国は、日本に加えてイギリス、オランダ、ノルウェーの4か国です。海外の3か国はいずれもいじめ対策の進んでいる国とされています（森田, 2010）。この調査により明らかとなった点とし

て、いじめの被害率に関しては、日本の13.9％に対して、イギリス39.4％、オランダ27％、ノルウェー20.8％という結果が示されました。日本は他の３か国と比較して、最も低くなっています。この点に加えて、いじめの中でも深刻さが顕著である「長期・頻回型」の出現率も抽出されました。その結果、日本はノルウェーの17.1％より僅かに高い17.7％で、４か国中最も高い出現率となっています。

これらの結果を要約すると、日本のいじめの特徴は以下のようになります。それはイギリス、オランダに比べていじめの被害に遭う確率は低いが、いったん被害に遭うと繰り返され、深刻度の高い状態が長期にわたり継続するという点です。換言すれば、いじめの発生後、早期に問題解決に至る確率が低いといえます。これに対して、他の国ではいじめは多く発生するが、早期に解決される「一過性タイプ」が相対的に多く出現すると述べられています（森田, 2010）。

本項の冒頭の問いに対する答えは、上述の点を踏まえると日本はいじめの止まりにくい国であるということになります。ここで改めて、いじめ問題を解決すること、ならびにいじめ予防は社会全体で取り組まねばならない課題であるといえるでしょう。

（2）　中学校時代における傍観者と仲裁者の出現率の推移

もう一点、先述した傍観者と仲裁者という観点から、同じ国際比較調査による着目すべき結果を示します。

表1に示すように、中学2年生から3年生にかけて日本は仲裁者の出現率が減少するのに対し、傍観者の出現率は上昇します。それとは逆にイギリスでは仲裁者の出現率は上昇し、傍観者の出現率は減少しています。この理由として、日本においては、傍観者の層が**図1**にあるようにいじめの暗黙の支持層となる点があげられると考えます。この点が長期化、深刻化するという日本のいじめの特徴の生成に影響を与えていると推察されます。

表1　仲裁者と傍観者の出現率の推移の比較

国		日本			イギリス		
	学年	中学2年		中学3年	中学2年		中学3年
出現率(%)	仲裁者	26.0	↘	21.8	37.6	↗	45.9
	傍観者	51.9	↗	61.7	47.2	↘	41.8

出典：森田（2010）図4-3、図4-4（p.139）をもとに筆者作成

第3節　いじめの生成要素に関する検討

本節においてはいじめの生成要素に関して、内外の知見に基づいて検討していきます。

1　内外の知見

アメリカの心理学者である Bonds & Stoker（2000）は、いじめの成立要素として、次の四つを提起しています。それは、①相手に被害を与える行為、②反復性、③力の不均衡、④不公平な影響です。和久田（2019）は、この四つの要素のうち、③の力の不均衡と④の不公平な影響という二つを、いじめを深刻化させる重視すべきものとして位置づけています。双方が複合的に作用し合い、被害者と加害者の関係が持続し、いじめの解決がより困難となり、被害の度合いも重大なものとなるとされます。

力の不均衡に関しては、加害者と被害者との間に、一方が圧倒的に強く、他方が弱いという明確な力の不均衡があることをさします。その状態が継続することを想定すると、被害者側が加害者側に対して立ち上がり、いじめをやめるように主張することは相当の困難を伴うものであると推察されます。

また、不公平な影響とは、被害者と加害者が受ける影響には明確な不公平が存在することを意味します（和久田, 2019）。被害者の側には心理的な傷つき、落胆など否定的な感情的反応が生じます。さらに、自己肯

定感の低下や自己を否定する感情も抱くようになることも予想に難くありません。その一方、加害者の側においては、このような否定的な感情的反応は生じません。他者への共感性をなくし、自己の視点による間違った考えを抱いているとされます。その考えとは、「相手が悪い」というもので、自らの行為の非を省みず正当化するものです（和久田, 2019）。

2 いじめ予防に関する鍵となる概念

和久田（2019）は、先述の「力の不均衡」と「不公平な影響」という二つの要素が意味する概念について、学校の教員、子どもたちが認識する必要性を鑑み、別の表現を提起しました。上述の要素のうちの一つ「力の不均衡」に関しては、「アンバランス・パワー」と表しました。文字通りもとの用語の英語表記をカタカナで表しています。

「不公平な影響」に関しては、「シンキング・エラー」という用語を提起しました。これらの用語は、いじめの事象を捉える際に、子どもたち、教師、そして保護者が日常的に使うことを想定したものです。

シンキング・エラーは、和久田（2019）が述べている通り、もとの「不公平な影響」と同じ意味の英語をカタカナで表したものではありません。先の不公平な影響が生じる要因として、誤った考えが存在することから、「シンキング・エラー」という用語をキーワードとして設定しています。加害者はシンキング・エラーのために自らの行為の加害性に無自覚で、被害者の苦痛に共感することはありません。このことにより、被害者に負の影響を与えることになるとされます。いじめの事象をより的確に認識することが志向された用語であるといえるでしょう（和久田, 2019）。

「シンキング・エラー」の概念を用いていじめを捉えることが、いじめの予防において不可欠となります。その際、和久田（2019）が述べている通り、他者への共感性の育成が必要になると考えられます。共感性に関しては、いじめ同調傾向を抑制する要因であることも指摘されています（三代, 1997）。子どもたち個々の共感性の高まりが、傍観者がいじ

めの抑止者、仲裁者に変容することを促進すると考えられます。

第4節　いじめ予防のための実践力向上に向けた教職課程の授業

　前節では、小・中学生を対象とした学校教育において、いじめ予防の教育を創出するために共感性の育成に焦点を当てた内容を考案することが重要な課題であることを示しました。本節においては、第1節で示した通り、学校現場での実践及び学生が検討した共感性の育成に関する取り組みについて取り上げます。

1　いじめ予防をねらいとした自己有用感に焦点を当てた取り組み

　いじめ予防に関する学校での実践とその効果に関する報告（滝, 2008）を取り上げます。その理由は、教職課程の授業でも取り上げる価値のある内容であると考えるためです。

　その報告で立てられた仮説は、個々の子どもたちの自己有用感の向上が、いじめを生じさせない子ども主体の人間関係づくりに有効性を発揮するということです。自己有用感とは、他の人の役に立てたことによる満足感や自信をさします（滝, 2008）。この自己有用感は他者との相互的な関係で生成されると筆者は考えます。集団内に自己有用感を高め合えるような関係が生まれることにより、滝（2008）の述べるように集団はいじめを抑止する機能を発揮しやすい条件が整うことになるでしょう。

　上記の仮説に基づき、学校はどのような取り組みをしたのでしょうか。

　ある小学校において、6年生対象の特別活動が日常的に自己有用感を育む機会として位置づけられ、年間通して意図的、計画的に展開されました。その活動は、異学年の交流を必須の要素としています。どの小学校でも行われている「6年生を送る会」、6年生になってからの「1年

生の給食準備の手伝い」などです。これらは、小学校の児童会が主体性を発揮して展開する活動として位置づけられるでしょう。

　教師の児童への意図的な働きかけの方法として筆者が推測するのは、共に活動した学年の児童同士が活動後に手紙のやり取りを行うことや、教師が児童の望ましい行動を認め、褒めることなどです。異学年の交流については、小学校であれば決められたペア学年と年間通じて活動を共にすることがあげられます。一学年に複数のクラスのある中学校であれば、学年を超えて同じ組同士でグループを構成し、学校行事に取り組むことなどが考えられます。これらは、一般的に多くの学校でも実践されている活動といえます。

　これらの取り組みにおけるいじめ予防に関する効果の測定に関して、社会性変容調査尺度を用いた質問紙調査が子どもたちに対して実施されました。調査結果のうち、1学期の終わりの7月と年度末の3月時点とを比較し、得点が向上した点をいくつか示します。【他学年との関わり】の領域に関しては、「役に立っている」、「気持ちを考える」、「ほめられる」などに有意な向上がみられました。また【自己評価、適応感等】の領域については、「学校が楽しい」、「授業がよくわかる」、「正しくないことは断る」、「仲良くなるように働きかける」などの項目が有意に向上していることが示されました。

　上述の結果は、いじめ予防に関する効果として捉えられると考えます。その理由の一つは、共感性に関する項目に向上がみられた点です。それは、【他学年との関わり】の項目のうちの「気持ちを考える」という項目です。おそらく、他者の気持ちを考えることをさしていると推測されます。二つ目の理由として、【自己評価】、【適応感等】で向上が見られた「正しくないことは断る」という点に向上がみられたことです。傍観者を脱していじめを抑止したり、仲裁したりする行動を起こすことに直接的に関連する項目であるといえるでしょう。

　これらの望ましい方向の変容が、日常的に行事として組み込まれてい

る活動を通して生じた点は特筆に値すべきものです。特別に計画された一連のプログラムではないところに私たちは着目すべきでしょう。教師が意図的に自己有用感の向上を目指し継続的に働きかけを行ったことが成果となって表れていると考えます。

　この滝（2008）の報告を、教職課程の授業でも取り上げることの意義を検討します。学生は日頃の特別活動におけるいじめ予防の意義を感じ取ることができると推察されます。同じクラスや学年を超えて、様々な人との関わりの機会を計画的に学校全体で設けることに大きな意味のあることを認識できるでしょう。大学の授業では、人の役に立っているという自己有用感の高まりを意図して、実際に児童にどのように声をかけるかについて検討する課題があげられます。それについて役割演技による場面指導を体験することにより、実践力の土台となる力が学生に一層育まれると考えられます。

2　共感性の育成に着目した指導内容と方法に関する検討

　本項では、共感性の育成に着目したいじめ予防の実践力向上のための教職課程の授業について検討していきます。取り上げるのは、教職課程を履修する学生の記述データを分析した調査研究（谷口, 2023）です。

（1）共感性について

　まず本章における共感性についての概念について述べます。共感性とは、自他の区別に基づいて、他者の感情や情動を認知する能力（Decety, 2010）、他者の感情状態を知覚し、自分も同様の感情状態を経験すること（桜井, 1994）などと定義されています。共感性の成立過程において、他者の視点・立場に自らの身を置き、他者の考えや役割を予想する過程を経るとされます（Hoffman, 2000）。これは他者視点取得とよばれる力が発揮される過程であるといえます。

　Davis（1994）によって開発された共感性に関する尺度では、共感性

を構成する心理的作用として四つがあげられています。すなわち、①他者の苦痛の自己体験化、②他者への関心、③自分を架空の人物に投影させる認知傾向を意味する想像性、④他者視点取得です。

　以上の点を踏まえ本節における共感性とは、自他の区別に基づいて他者の視点に立ち、他者の感情や考えを想像しながら経験することとします。いじめの被害者への共感性の発現は、実際にいじめを目撃した際に、被害者の視点に立ち、被害者の置かれた状況を感じ取ることが起点となるでしょう。集団生活が始まる幼児期から、いじめの場面に限らず他者の置かれた状況を察知し、共感性を発現することが報告されています(村上, 2023)。このような経験を積むことは、いじめ予防の源となるのではないかと考えます。その後の学校生活の中で、いじめの場面を目撃した際に、傍観者の立場を脱し、いじめを止める行為をする側に変容するための基礎が築かれると考えます。

（2）　共感性を育む小学校での実践に関する検討

　本項においては上述の点を踏まえて、筆者が担当した教職課程の授業「教育相談支援」の課題に対して学生が記述した内容を分析した研究（谷口, 2023）を取り上げます。この科目は、3年次の卒業必修科目としても位置づけられており、保育士資格、幼稚園教員免許状、小学校教員免許状のすべて、あるいは一部の取得を目指す学生が履修しています。調査時期は2021年7月です。当該科目の授業は全14回の設定であり、いじめに関する授業はそのうち2回設定されています。分析の対象となるデータは2回目の時間中に大学3年生61名が記載したものです。対象学生の同意を得て、匿名化を図りデータの集約が行われました。この研究は当時、谷口の所属する大学の研究倫理委員会の承認を受けています。学生に出された課題は、以下の通りです。

　授業で、①どの生徒にも多様な面で居場所のあるクラスでは、いじめ

が起こりにくいこと、また、②いじめ同調傾向を抑制するために共感性を育むことが肯定的に作用することを伝えました。①及び②に留意した保育設計、授業設計を一日のある場面や活動、教科を一つ選んで考えを述べてください。字数は200字程度とします。

　課題に対する記述の分析に際し、最初に場面を抽出したところ、ⅰ）教科、ⅱ）学級活動、ⅲ）特別の教科　道徳の三つに分けられました。ⅰ）の教科に関して記述件数の高い順に教科名（件数）を示すと、体育（34）、国語（19）、算数（13）、社会（5）でした。他の教科に関する記述はみられず、記述のあったこれらの教科に関して、記述中に用いられた語句の頻度が算出されました。次に、どの教科にも共通してみられた語句と仕上がり（件数）は、「発表（発言）」（12）、「グループ」（8）、「活躍」（7）でした。この「活躍」は、活躍の機会を設けることを意味しています。「発表」は国語（6）において、「活躍」は体育（6）で最も多くみられました。国語と体育の記述例を以下に示します。【注1】

【国語】（発表）

　国語の授業で物語の文を読んで自分の意見をグループやペアで発表する時間を取り入れる。私はこのような活動をするときは発表をする人の方に体を向け、身体全体で発表者の話を聴くようにさせたい。そして、自分の意見を述べるときは、相手の意見を尊重してから自分の意見を発表するようにしていきたいと思う。これらの行動をし、互いを認め合いながら自分の考えを言い合える学級はいじめが起こりにくく、傍観者もいなくなると考える。

【体育】（活躍）

　私は小学校の一日の流れの中で、体育の授業について検討する。体育の授業計画で大切なのは、児童全員が楽しく体を動かしたり、他の子と協力して楽しく体を動かしたり、他の子と協力して楽しんだりすることで

ある。そのための工夫として二つの例を挙げる。一つ目は、児童が楽しめるようにルールを作ることである。バレーボールやサッカーをするときに全員にパスが回るようにすると、全員で楽しむことができると考える。二つ目は児童に手本や手伝いの機会を与え、活躍する場を作ることである。

　ⅱ）の学級活動で見出された場面の種別は、件数の高い順に終わりの会（37）、朝の会（20）、学級会（6）、日直（3）でした。先述と同様に語句の出現頻度が算出されました。件数の多い順に語句を示します。「グループ」（10）、「活躍」（9）、「褒め合い・褒め合う」（7）でした。以下に、「褒め合う」ことを取り入れた意見を示します。

【朝の会と終わりの会】（褒めあう）
　「クラスメイトを褒め尽くそう大作戦」を朝の会の時に伝える。児童たちは、一日の学校生活の中で、友だちの良いところや行動を見つけ褒め合う。そして終わりの会の時に、友だちのいいところ・行動を発表してもらう。仲の良い友だち、普段関わりのない友だちについて行うなど、テーマは段階的にしたい。仲の良い友だちの長所は見つけやすい。そこでどのようにして見つけたかについて考える。そうすることで普段なかなか関わりの少ない友だちの良いところを見つけるヒントになると考える。

　ⅲ）の道徳でも語句の出現頻度が算出され、「思いやり」（6）、「活躍」（4）、「討論」（4）の語句が多くみられました。「思いやり」という語句を用いた意見を以下に示します。

【道徳】（思いやり）
　どの生徒にも多様な面で居場所があり、共感性を育むことができるクラスづくりをするために、親切・思いやりのテーマで道徳の授業を行う。この授業では登場人物の気持ちの変化や友だち同士のやりとりから、普

段の生活について自分事のように子ども一人ひとりが考えられるように
する。また、様々な意見を伝え合う活動の中で、それぞれ異なる意見を
もっていることに気づき、相手の意見を尊重できるようにしていきたい、
そしてこれらを通して相手に対しての共感性を育んでいきたい。

　以上、谷口（2023）の研究について概要を示しました。先にあげた学
生の考えは共感性の意味を踏まえ、いじめ予防に関する肯定的な作用が
期待できると考えます。
　本節では、本章の趣旨に沿って学校場面での実践（滝, 2008）と、教職課
程履修中の学生が考えた実践の案（谷口, 2023）をもとに内容を展開しました。
　本章では、いじめ予防に向けて教職課程の授業で取り上げることを想
定した内容を示しました。それは、いじめ予防の教育を考案するための
基礎的理論といじめ予防のための取り組みについてです。本章で示した
内容が、すべての子どもたちの人権が尊重され、いじめの加害者と被害
者を生まない社会の実現に僅かながらでも役立つことを願います。

【注1】谷口（2023）における学生の記述をそのまま記載しているため、
記述部分は常体を用いて著しています。

【参考・引用文献】

Bonds, M. & Stoker, S. (2000) Bully proofing your school: a comprehensive approach for middle schools Sopris West Davis, M.. (1994). Empathy: A social psychological approach. Madison, WI: Westview Press.

Decety, J. (2010) The neurodevelopment of empathy in humans *Developmental Neuro Science* 32（4）: 257-267. DOI: 10.1159/000317771

Hoffman, M. L. (2000). *Empathy and Moral Development: Implications for Caring and Justice*. Cambridge, UK: Cambridge University Press.

http://dx.doi.org/10.1017/CBO9780511805851

三代周治「中学生のいじめ同調傾向に関する研究—因果モデル構成の試み
　　—」上越教育大学大学院修士論文（未公刊）1997年

文部科学省「教職課程認定申請の手引き及び提出書類の様式等について」（令
　　和7年度開設用）教職課程認定申請の手引き〈本体〉〔PDF〕「（4）教職
　　課程コアカリキュラム対応表」p.51〈https://www.mext.go.jp/a_menu/
　　koutou/kyoin/080718_1.htm〉（2024.8.22最終アクセス）

森田洋司編著『「いじめ」集団の構造に関する社会学的研究』大阪市立大学
　　社会学研究室、1985年

森田洋司「家族における私事化現象と傍観者心理」『現代のエスプリ』
　　No.271、至文堂、1990年、pp.110-118

森田洋司『いじめとは何か　教室の問題、社会の問題』（中公新書）中央公
　　論新社、2010年

Olweus, D., Limber, S.P., Flerx, V. C., Mullin, N., Riese, J. & Snyder, M. (2007)
　　Olweus Bullying Prevention Program Schoolwide Guide　Hazelden

ダン・オルヴェウス、オルヴェウス・いじめ防止プログラム刊行委員会訳、
　　小松公司・横田克哉監訳『オルヴェウス・いじめ防止プログラム—学
　　校と教師の道しるべ』現代人文社、2013年

桜井茂男「共感性」岡本夏木・清水御代明・村井潤一監修『発達心理学辞典』
　　ミネルヴァ書房、1995年

滝充「『自己有用感』獲得によるいじめの未然防止—『日本のピア・サポー
　　ト・プログラム』に基づく人間関係づくり」『生徒指導学研究』第7号、
　　2008年、pp.16-23

谷口航「いじめのない学級づくりを志向した共感性を育む活動に関する分析」和
　　歌山信愛大学教育学部子ども教育学科2022年度卒業論文（未公刊）2023年

牛渡淳「文科省による『教職課程コアカリキュラム』作成の経緯とその課題」
　　『日本教師教育学会年報』第26号、2017年、pp.28-36

和久田学『学校を変える　いじめの科学』日本評論社、2019年

第6章　地域子育て支援拠点における「気になる子ども」とその親の特徴

第1節　はじめに

1　研究の背景と目的

（1）「気になる子ども」の現状と課題

　近年、保育や教育の現場において「気になる子ども」への対応が課題に挙げられています。「気になる子ども」には一貫した定義はありませんが、「気になる子ども」に関する先行研究を概観した緒方の論文（2020）では「気になる子ども」は「明確な診断名がないものの発達障害の特性が見られ、保育者にとって日常の保育をする上で困難さがあり、特別な支援・配慮を必要としている子ども」と定義されています。斎藤他の調査（2008）では保育者を対象に、担当したクラスに「気になる子ども」が存在したかを尋ねた結果、約97%に「気になる子ども」を担当した経験があることがわかりました。また、幼稚園・保育所では「気になる子ども」は78%以上という高い割合で各施設に在籍している可能性も示唆されています（原口他, 2015、中島, 2014）。このような状況の中、「障害児支援の見直しに関する検討会　報告書」では「『気になる』という段階から、親子をサポートできるような仕組みが必要」と明記されています（厚生労働省, 2008）。つまり、「気になる子ども」の早期的な発見・支援の体制を社会全体として体系的に形成していくことは、今日の子育て支援において重要な課題であると言えます。そのためには、乳幼児期から親子の子育て支援に携わる支援者が、「気になる子ども」の特徴を

どのように認識しているのかを検討することが重要です。本稿では地域子育て支援拠点（以下：「拠点」とする）事業に従事する支援者を対象として、「気になる子ども」の実態を明らかにすることを目的とします。

（2）地域子育て支援拠点事業について

少子化や核家族化といった家族のあり方の変容、地域社会の変化などに伴う子育て中の親の孤独感や不安感に対処するために開始されたのが、拠点事業です。拠点事業は、2007年に、それまで別々に実施されてきた「地域子育て支援センター事業」と「つどいの広場事業」が再編・統合されて創設された事業です。2009年には、児童福祉法に基づく第2種社会福祉事業に位置づけられました。現在、拠点は「一般型」「連携型」の二つの事業類型があります。また、拠点の基本事業としては、①子育て親子の交流の場の提供と交流の促進、②子育て等に関する相談、援助の実施、③地域の子育て関連情報の提供、④子育て及び子育て支援に関する講習などの四つの内容の実施が定められており、拠点事業を通じて地域における子育て支援の機能を強化することが期待されています。

渡辺他（2021）の調査では、診断が未確定の子どもも含めて障害児等とその保護者に対する早期支援の役割を拠点が担うことを期待する自治体は87％にのぼり、拠点における「気になる子ども」とその親への早期発見・早期支援の必要性が示されました。一方で、同調査の中では「障害児等とその保護者に対する支援を行っている拠点はない」と回答した自治体が約3分の1にのぼることも示されており、自治体の拠点に対する期待とその実態には隔たりが見られることも明らかになっています。なぜ「気になる子ども」とその親への支援が拠点の課題となっているのでしょうか。

（3）地域子育て支援拠点における「気になる子ども」の支援上の課題１：拠点の環境特性

　その要因の一つに、拠点と同様に「気になる子ども」の早期発見・早期支援の場として期待される幼稚園・保育所と比較したときに、拠点の施設としての目的がそれらとは同じものではないという環境特性が挙げられます。そもそも、「気になる子ども」の定義は一意ではありません。「気になる子ども」は障害児に限定されず、あくまでも支援者にとって発達の遅れや偏りが目立つ子どものことを指します。子どものどのような言動を「気になる」と感じるのかは施設の環境に影響を受ける側面も否定できず、拠点の支援者における「気になる子ども」の捉え方は、幼稚園・保育所の保育者を対象に実施された先行研究とは異なる様相を示す可能性があります。例えば、幼稚園教諭および保育士を対象とした久保山他の調査（2009）では、「気になる子ども」の特徴として「発達上の問題」「コミュニケーション」「落ち着きがない」「乱暴」「情緒面での問題」「しようとしない」「集団への参加」「その他」の８カテゴリが挙げられています。しかし、幼稚園・保育所は集団生活を営む中で他児との関わり方や集団におけるルールの遵守を学ぶことがねらいとして定められている施設であることから（厚生労働省，2018、文部科学省，2018）、集団活動に特異な言動を示す子どもは「気になる」と感じられやすいと考えられます。一方で、拠点は乳幼児およびその保護者が相互の交流を行う場所です（こども家庭庁，2024）。拠点を利用する他の家族との交流も基本事業に含まれてはいるものの、拠点の利用方法はあくまでも利用者に一任されています。そのため、幼稚園・保育所と比較すると、集団での活動の重要性や活動頻度は相対的に低い施設であると考えられます。このような拠点の環境特性を踏まえると、久保山他の調査（2009）で「気になる子ども」の特徴として見出された「集団への参加」は、拠点の支援者にとっての「気になる子ども」の観点には挙がりづらいかもしれません。

また、拠点と幼稚園・保育所との相違点の一つとして、親子が連れ添って場を利用することが挙げられます。そのため、親子の日常生活における様子を垣間見ることができるという点で、親子の関係性についての言動が「気になる子ども」の特徴として挙げられやすい可能性があります。近年では「気になる子ども」の言動は発達障害特性のみに起因するとは限らず、養育環境をはじめとした環境要因のあり方と発達障害特性との相互的な影響に起因する可能性が指摘されています（野村，2018）。そのため、愛着の様相をはじめとする親子関係の実態も含めて、「気になる子ども」を多角的に捉えることが重要であると言えます。拠点は親子がともに過ごすオープンな場であることから、親子が普段どのように関わっているかを観察することができます。そのため、親子関係に起因する「気になる」言動を早期に発見するうえでは、幼稚園・保育所以上に効果的な場である可能性があります。

（4）地域子育て支援拠点における「気になる子ども」の支援上の課題2：支援者の特性

　続いて、拠点における支援者の特性も「気になる子ども」の支援における課題の一つと考えられます。1993年に創設された拠点の前身である「保育所地域子育てモデル事業」では、支援者の資格要件として「保母等」が明記されていました。また、「保育所地域子育てモデル事業」を改変した1995年の「地域子育て支援センター事業」においても、「保育士等」が支援者の資格要件として記載されるなど、各事業において子どもの発達に関する専門的知識を有する人材の配置が求められていました。その後、「地域子育て支援センター事業」に関する実施要綱の改変が行われた中で、2005年の改変では支援者の資格要件から「保育士等」に関する記述が削除されました。そして、現在の地域子育て支援拠点事業実施要綱においても、「育児、保育に関する相談指導などについて相当の知識・経験を有する専任の者を1名以上配置すること（非常勤職員でも可）」

と記載されており（こども家庭庁，2024）、専門的資格は支援者の要件として定められていません。

　実際に、拠点を対象とした渡辺他の調査（2021）では、専門職を配置していない拠点は多く見積もると約59％存在するという実態が示されています。つまり、幼児の発達に関する専門的資格を要件とする幼稚園・保育所の保育者と、拠点の支援者の専門性は必ずしも同じ性質のものではない可能性が存在します。そのため、幼稚園・保育所の保育者を対象として「気になる子ども」の特徴を検討した多くの先行研究の結果は、拠点の支援者に対しても般化可能なものであるとは限りません。むしろ、拠点の支援者が子どものどのような言動を「気になる」と捉えているのかについては、前述の拠点における環境特性と支援者の特性を踏まえたうえで検討を進める必要があります。

　拠点の支援者の特異性としては、「子育てを経験してきた保護者や、拠点で支援者による支援を受けてきた当事者が、その経験を生かして支援者となり、先輩ママとして子育て中の保護者への支援を行う」という当事者性が挙げられます（徳広，2021）。子育ての孤立化が叫ばれる昨今において、拠点の支援者における当事者性は、地域社会全体として子どもを育てる力が向上するという点で社会的意義が存在します（安川，2015）。さらに、利用者にとっても拠点の支援者の存在が日々の育児負担に対する労いなどの情緒的サポートとしてだけでなく、利用者個人の状況に応じた各種資源の提供などの道具的サポートとしても機能するという意義も存在します（中谷，2014）。したがって、拠点の支援者における当事者性は親子の支援において不可欠な要因であると言えます。

　そのうえで、地域子育て支援拠点事業実施要綱では、拠点の支援者に対して研修やセミナー等への積極的参加を促すこと、支援者の資質、技能向上を図ることが明記されており、当事者性と専門性の双方を有する支援者が拠点に従事することを目指しています（こども家庭庁，2024）。しかし、当事者性と専門性を兼ね備えていたとしても、拠点の支援者が

「気になる子ども」を幼稚園・保育所の保育者と同様の観点から捉えるとは限りません。むしろ、前述の拠点における環境特性も考慮すると、拠点の支援者における「気になる子ども」の捉え方は、幼稚園・保育所の保育者におけるそれとは異なる様相を呈する可能性も考えられます。拠点の支援者は、幼稚園教諭や保育士などの専門的資格を有しておらずとも、自身に子育て経験があるという当事者性をもとにして、子どもの言動を「気になる」と捉えることができるかもしれません。また、前述の通り、拠点は支援者に対して研修やセミナーへの積極的な参加を促していることから、専門的資格の有無に関わらず、高い専門性をもつ支援者が存在する可能性も想定されます。しかし、拠点の支援者における「気になる子ども」の捉え方についてはほとんど研究が進められておらず、どのような子どもを「気になる」と感じているのかは明らかではありません。

（5）本研究の目的と意義

　本研究の目的は、これまで検討が進められてこなかった拠点の支援者を対象として、「気になる子ども」の捉え方について検討することです。特に、他児との集団活動が少ない一方で親子の関わり方を観察することができるという拠点の環境特性と、専門性と当事者性を兼ね備える支援者の特性を考慮したうえで、拠点の支援者が子どものどのような言動を「気になる」と感じているのかを明らかにします。この点を検討することで、「気になる子ども」の早期発見・早期支援における拠点独自の視点を解明するとともに、幼稚園・保育所といった関連施設との相違点を整理することが可能になると考えられます。本研究は、拠点に勤務する支援者を対象に半構造化面接を用いてインタビューを実施し、その語りをKJ法によって分析しました。

2　研究の方法

（1）支援者Aについて

　本研究では、山口県内の拠点Bに勤務する支援者Aを対象としてインタビュー調査を実施しました。支援者Aは30代から拠点Bでの勤務を開始し、インタビュー時点で約21年にわたって地域の親子の支援に従事してきた50代の女性でした。支援者Aは自身に３人の子どもを育てた子育て経験があることから、当事者性の高い支援者であると判断しました。また、支援者Aは拠点における支援経験が豊富であり、「気になる子ども」とその親に適切な相談機関を紹介するなど、長年拠点を利用する親子の支援に携わってきました。さらに、拠点での勤務を始めてから保育士資格を取得したことも鑑みると、専門性を有する支援者とも言えます。本研究は拠点における専門性および当事者性を兼ね備える支援者へのインタビューを目的としたため、支援者Aを調査対象者として選定しました。

（2）インタビュー調査について

　本研究では２対１の半構造化面接法を用いて、インタビュー調査を行いました。所要時間は約90分でした。インタビュー調査の内容は支援者Aの同意を得たうえでICレコーダーを用いて録音しました。調査は2024年７月に第一著者の所属する研究所内にて実施し、第一著者ならびに拠点Bとの連携先であり特別支援教育の専門家である第二著者がインタビュワーを務めました。インタビューでは、次に挙げる11項目について質問しました。まず、一つ目の質問項目として「拠点Bで勤務してきた中で関わった『気になる子ども』はどのような子どもであったか」について質問をしました。そのうえで、遠城寺（2009）による遠城寺式・乳幼児分析的発達検査法の検査項目を参考として、「移動運動」「手の運動」「基本的習慣」「対人関係」「発語」「言語理解」の６カテゴリに関して「気になる子ども」がいたかを尋ねました。なお、各項目に該当する

子どもをより鮮明に想起してもらうために、その都度具体的にどのような問題が見られるのかについて、項目ごとに遠城寺式・乳幼児分析的発達検査法の下位項目を参考とした補足説明を入れながら、該当する子どもの特徴を話してもらうように依頼しました。さらに、本研究では上記の6カテゴリに加えて、野村の論文（2018）を参考に、拠点で出会った「気になる子ども」において「愛着」の問題を呈する子どもが存在したのかも尋ねました。本研究では、これらの質問に加えて、「これまで支援者Aが『気になる子ども』の親に対してどのような対応をしてきたか」と「支援者Aにとっての子育て支援員の専門性はなにか」の2項目を尋ねました。しかし、これらの質問項目は本研究の主目的から外れるため、本稿においては言及しません。なお、倫理的配慮として支援者Aに本研究の目的を口頭で説明したうえで、本研究への参加について口頭で承諾を得ました。

第2節　結果と考察

1　KJ法によるインタビューの分析とその結果

　インタビューで得られた語りについては逐語録を作成したうえで、特別支援教育、児童家庭福祉、発達心理学、教育心理学を専門とする研究者4名によってKJ法（川喜田，1967）を実施しました。「気になる子ども」の特徴を明らかにするために、逐語録から「気になる子ども」に関する語りを意味内容単位で抜き出しました。抜き出した語りの数は50であり、意味の近い語り同士を小カテゴリとしてグループ化しました。さらに、グループ化した語り全体を概観したうえで、意味的に関連する小カテゴリ同士を大カテゴリとして分類しました。その結果、大カテゴリとしては「気になる子ども」と「気になる親」の2カテゴリが抽出さ

れました。「気になる子ども」に関連する小カテゴリは「ことばの遅れ（発達）」「コミュニケーションの難しさ」「愛着、親を避ける」「運動面」「ア

表1　支援者Aの語りに対するKJ法の結果

大カテゴリ	小カテゴリ	小カテゴリの概要	語りの数
気になる子ども	ことばの遅れ（発達）	年齢相応の言葉の表出が見られない	6
	コミュニケーションの難しさ	他児に関心がないなど，他者とのコミュニケーションが取りづらい	6
	愛着，親を避ける	親に対して回避的な行動をとり，親がいても親以外の人との関係を要求する	6
	運動面	粗大・微小運動問わず，運動発達の遅れが見られる	4
	アザ，虐待	アザがあるなど虐待の疑いがある	3
	こだわり	文字や数字などの特定の対象に強い関心をもつ	3
	多動	じっとしていられず，動き続ける	2
	感覚の過敏	睡眠時に覚醒しやすく，敏感	2
	難聴	難聴のため，呼びかけに応えない	1
気になる親	親の子育てスキル	子育ての方法が未成熟，親が子どもの主体的な行動を妨げている	9
	親が子どもを理解することが難しい，気にすることができていない	子どもの「気になる」言動を親が気にすることができていない	4
	親自身の課題	親が病気，育児不安などの何らかの課題を有している	3
	他の親子との関係性	トラブルにより，他の親子との関係がうまくいっていない	1

筆者作成

ザ、虐待」「こだわり」「多動」「感覚の過敏」「難聴」の九つでした。また、「気になる親」に関する小カテゴリは、「親の子育てスキル」「親が子どもを理解することが難しい、気にすることができていない」「親自身の課題」「他の親子との関係性」の四つでした。これらの結果のまとめを**表1**に示しました。

2　本研究の考察

（1）「気になる子ども」の特徴について

　本研究の目的は、これまで検討が進められてこなかった拠点の支援者

を対象として、「気になる子ども」の捉え方について検討することでした。特に、他児との集団活動が少ない一方で親子の関わり方を観察することができるという拠点の環境特性と、専門性と当事者性を兼ね備えるという支援者の特性を考慮したうえで、拠点の支援者が子どものどのような言動を「気になる」と感じているのかを解明することを目的としました。

　まず、「気になる子ども」の特徴としては、「ことばの遅れ（発達）」「コミュニケーションの難しさ」「愛着、親を避ける」「運動面」「アザ、虐待」「こだわり」「多動」「感覚の過敏」「難聴」の九つが見出されました。本研究の結果のうち、「ことばの遅れ（発達）」「コミュニケーションの難しさ」「こだわり」「多動」の4カテゴリは、幼稚園・保育所の保育者を対象に「気になる子ども」に関する研究を行った久保山他の調査（2009）でも同様のカテゴリ（「発達上の問題」「コミュニケーション」「落ち着きがない」）が挙げられています。これらの言動は発達障害である自閉スペクトラム症と注意欠如多動症に見られやすい傾向があり、かつ、外在的に表出されやすい特徴でもあります。拠点の支援者は子どもの発達に関わる専門性を有しているため、上記のカテゴリのような発達障害傾向に類似する言動は、幼稚園・保育所の保育者と同様に、「気になる子ども」の普遍的な特徴として捉えやすい観点であったと考えられます。

　一方で、本研究で得られた「気になる子ども」の語りにおける特異な結果としては、親との関係性に着眼した「愛着、親を避ける」のカテゴリが見出されたことです。近年、「気になる子ども」の背景要因には発達の偏りや遅れだけでなく、養育環境などの環境要因のあり方が関与している可能性が示唆されています（野村，2018）。特に、「気になる子ども」の親は、子どもの特性に対する苛立ちや子どもをかわいいと思えない辛さを抱えることで、愛着形成に支障が生じうることが指摘されています（伊藤・小林，2018）。このような先行研究を踏まえて、本研究では支援者Aに「気になる子ども」の特徴を尋ねる際に、遠城寺式・乳幼児分析的発達検査法の検査項目に加えて愛着に関する質問項目を設けま

した。その結果、支援者Aの語りの中では、親に対して回避的な行動を
とる「気になる子ども」の実態が示されました。例えば、以下のような
語りが示されています。

*何かもう、お母さんからちょっと離れようとするというか。何なら、
よそのお母さんのほうに行ったりとか、スタッフのほうに来る。で、お
母さんをちょっと避けてるようなお子さんとかも、少ないけどいました。*

　一時預かりの利用ができる拠点も存在するものの、基本的に拠点は親
子での利用を前提としており、日常における親子の相互交流の様子を捉
えやすい場所であると言えます。拠点と並列して「気になる子ども」の
早期発見・早期支援が期待される幼稚園・保育所では、日常的に親子の
関わりを捉える機会は送迎時などに限定されており、日常生活上の親子
の関わりを必ずしも観察できるわけではありません。そのため、子ども
が親に対して回避的な行動をとる様子を保育者が把握することは、難し
い場合も多いと考えられます。しかし、拠点は親子が連れ添ってその場
を利用するため、親子の日常的な関わり方を身近で観察することができ
るという利点があります。このような拠点の環境的な利点によって、親
子関係上の問題から「気になる子ども」を捉えることができ、かつ、そ
れは拠点における唯一性の高い特徴であると考えられます。

（2）「気になる子ども」の特徴について

　本研究で示された興味深い結果としては、インタビューの中で「気に
なる親」についての語りが見られたことが挙げられます。支援者Aに対
して実施したインタビューでは、あくまでも「支援者Aにとっての気に
なる子ども」と遠城寺式・乳幼児分析的発達検査法の検査項目と愛着関
係に基づく「気になる子ども」の有無について尋ねたのみであり、「気
になる親」についての質問を実施したわけではありません。しかし、そ

のようなインタビューにおいて支援者Aから「気になる親」に関する語りが得られたのは、乳幼児期の子どもとその親がともに利用することを前提としている拠点の環境特性に由来すると考えられます。野村の論文（2018）で指摘されるように、「気になる子ども」の言動は単に子ども自身がもつ特性によるものではなく、環境要因や保育の方法による影響を受けている可能性が存在します。例えば、インタビューでは支援者Aによる以下のような語りがありました。

　これは明らかに発達障害をお持ちだなっていうお子さんと出会ったときに、お母さんがそれに気付いていないっていうのは、だいぶ気になりましたね。気にかけていらっしゃる場合は関係機関に繋いだりとか、そういうのができたんだけど。それがない場合。どうしようかねっていう。

　支援者にとっては「気になる」存在であったとしても、親はその子どもの言動を「気になる」と感じていないケースがあることは先行研究でも示唆されています（久保山他，2009、金山，2015）。しかし、これらの研究はあくまでも「気になる保護者」に関する質問を保育者などに個別に実施したうえで示された結果であり、本研究は「気になる子ども」についての質問に対して「気になる親」の実態が語られたという大きな違いが存在します。この結果は、子どもと親との関わりを身近で観察できる拠点だからこそ、支援者が「気になる子ども」と「気になる親」を同時に捉えることができていたことに起因すると想定されます。このことから、「気になる子ども」は子どもの特性や言動のみに起因して「気になる」と捉えられるのではなく、「気になる子ども」に対する親の対応や関わり方も含めて「気になる」と感じられる可能性が示唆されました。
　支援者Aが語った「気になる親」の具体的な特徴は、「親の子育てスキル」「親が子どもを理解することが難しい、気にすることができてい

ない」「親自身の課題」「他の親子との関係性」の四つのカテゴリに分類されました。この結果において拠点の支援者に特有の語りであると考えられるのは、「親の子育てスキル」のカテゴリです。例えば、このカテゴリで得られた語りは以下のようなものです。

　あと、うちの子は何時に起きて何時に寝ますっていうのが。「必ず夕方6時には寝る」っておっしゃるんです。だから「へえ、それ、すごくないですか」って言って。「こんな小っちゃいのに、毎日夕方6時になったら寝るんですか？」って言って、「そうですよ、育児書に書いてあるじゃないですか」って言われたことがある。だから、育児書に書いてあるからそうなるって思ってるお母さんって、すごいびっくりしたり。

　拠点は乳幼児期の子どもとその親が利用する施設であるため、第一子の子育て中の親の場合には、自身の育児方法を比較する対象や参考にできるような環境がない限り、育児書通りの育児を目指したり柔軟でない育児方法を実践したりする可能性があります。特に、拠点の支援者は子育てについての当事者性を有しているという特性があります。そのため、支援者自身の子育て経験を踏まえて拠点利用者の極端な育児方法を「気になる」と感じたことで、「気になる親」の特徴として育児スキルの観点が挙げられやすかった可能性があります。
　また、語られた数自体は少ないものの、語りの中には「他の親子との関係性」に関する言及が見られた点も、本研究の特異な結果であると言えます。ここで得られた語りは以下の通りです。

　トラブルになるから、親同士もちょっとぎくしゃくしたりして。ちょっとあんまり利用しちゃいけないかなって。迷惑かける側の子の親は、ちょっと遠慮してしまったりとか。で、いつも何か。こんな言い方はあれだけど、迷惑をかけられるほうの子の親は、すごく避けたり。その親

子を避けるようになったりとか、そういうのもありましたね。

　この語りも、他の親子と一緒に同じ空間を利用する拠点ならではの環境特性に由来するものと考えられます。幼稚園・保育所における「気になる子ども」の特徴としては、「集団への参加」「友だちの輪に入れない」「人とのかかわりをもちにくい」などの対人・集団関係における言動が挙げられています（中島，2014、久保山他，2009）。一方で、金山の調査（2015）では、「気になる親」の特徴として「保護者の集団の中で孤立している」「他の保護者とトラブルを起こす」といった保護者同士のトラブルは挙がりづらいという結果が示されています。さらに、久保山他の調査（2009）では、そもそも他の保護者との関わりにおける「気になる親」の姿は指摘されていません。

　この背景要因の一つとしては、幼稚園・保育所では他の家族との関係を捉えられる機会が限定されることが想定されます。幼稚園・保育所において、集団生活を行ううえでの子ども同士のトラブルを観察できる機会は比較的存在します。しかし、保護者同士あるいは家族同士の関係性を園内で観察できる機会はそれほど多くなく、その観点から「気になる親子」を捉えることは困難であると考えられます。一方で、拠点には親子の利用だけでなく他の家族との交流が基本事業として組み込まれています。拠点の利用方法は利用者の自由であるという前提はあるものの、そのような拠点の環境特性によって、他の家族とのトラブルに基づく「気になる親」と「気になる子ども」の実態が支援者の語りの中に現れたのではないかと考えられます。

　本研究の結果を総括すると、拠点における支援者にとっての「気になる子ども」と「気になる親」は、幼稚園・保育所を対象とした先行研究と共通する特性が挙げられました。一方で、拠点ならではの「気になる」の着眼点が存在する可能性も示唆されています。特に、「気になる子ども」の特徴としては親との関係性に関する語りが、「気になる親」の特徴と

しては育児の方法に関する語りが見られ、親子の相互関係を「気になる」と捉えていることが示された点は、本研究に特異な結果です。これは親子一緒での利用を前提としている拠点の環境特性に起因するものであり、「気になる親子」の早期発見を行ううえでの拠点の独自性であると考えられます。これらの結果から、「気になる親子」の早期発見・早期支援をする上では、幼稚園、保育所、拠点のそれぞれの施設特性を考慮することで、多角的な側面から「気になる親子」を捉えられる可能性があります。拠点は幼稚園・保育所と並列して「気になる子ども」の早期発見の場として期待されているものの（渡辺他，2021）、施設としての役割は幼稚園・保育所と全く同一ではありません。例えば、他児との関わりや集団生活における「気になる子ども」は幼稚園・保育所、親子関係に起因する「気になる親子」は拠点といったように、それぞれの施設の環境特性に応じて早期発見・早期支援を行う上で有用な着眼点が異なると考えられます。そのため、拠点で捉えることのできる「気になる子ども」および「気になる親」の情報と、幼稚園・保育所で捉えることのできる「気になる子ども」および「気になる親」の情報とを補完的に利用することで、「気になる親子」に対するより包括的な支援の提供に繋げられるでしょう。

第3節　まとめと今後の展望

　最後に、本研究の課題と今後の展望を述べます。本研究の課題は、個人に依拠したインタビューであるという点です。支援者Aは拠点に21年勤めており、多数の「気になる子ども」とその親を相談機関に繋げてきた経験が存在します。本研究では、拠点の支援者が「気になる子ども」をどのように捉えているのかという実態を把握するために、当事者性と専門性の双方を兼ね備えた支援者Aを調査対象者として選定しました。

しかし、拠点には保育士や幼稚園教諭などの専門的資格を有していない支援者が存在することも確認されています（渡辺他，2021）。保育園の保育者を対象とした岡村の調査（2011）では、保育経験が1年未満の保育者において、「気になる子どもはいない」という回答が多いという傾向が見られました。ただし、同研究では、保育者にとっての「気になる子ども」の数は保育年数の増加に伴って比例的に増加するという傾向があるわけでなく、保育者一人ひとりの子どもを見る意識の違いによって「気になる子ども」の数が変化していることも指摘されています。

　今回の研究対象者である支援者Aは、親子支援の経験が長く、専門性の高い支援者であると推察されます。そのため、「気になる子ども」や「気になる親」を鋭敏に察知することができていた可能性は否定できません。支援者の当事者性と専門性における個人差が「気になる親子」の捉え方においてどのように作用するのかについては、今後支援者Aとは異なる支援者を対象に改めて検証する必要があると考えられます。そうすることで、拠点の支援者にとっての「気になる親子」の特徴を精査することに繋がるとともに、拠点が「気になる親子」の早期発見・早期支援を担う場所として、より効果的に機能するための有意義な提言が可能となるでしょう。

【引用文献】

遠城寺宗徳『遠城寺式　乳幼児分析的発達検査法　九州大学小児科改訂新装版』慶應義塾大学出版会、2009年

伊藤由香・小林恵子「子どもの発達障害の特性を指摘された母親の子育てにおける体験—発達障害の特性を指摘されてから専門機関の継続的な支援を受けるまで—」『日本地域看護学会誌』21、2018年、pp.22-30

原口英之・野呂文行・神山努「幼稚園における特別な配慮を要する子どもへの支援の実態と課題—障害の診断の有無による支援の比較—」『障害

科学研究』39、2015年、pp.27–35

金山美和子「『気になる保護者』に関する保育者の意識と支援」『長野県短期大学紀要』69、2014年、pp.167–173

川喜田二郎『発想法　創造性開発のために』（中公新書）中央公論新社、1967年

こども家庭庁「地域子育て支援拠点事業実施要綱」〈https://www.cfa.go.jp/assets/contents/node/basic_page/field_ref_resources/321a8144-83 b 8-4467-b70e-89aa4a5e6735/09133311/20240705_policies_kosodateshien_shien-kyoten_35.pdf〉（2024.8.10 最終アクセス）

厚生労働省「障害児支援の見直しに関する検討会　報告書」〈https://www.mhlw.go.jp/shingi/2008/07/dl/s0722-5a.pdf〉（2024.8.10最終アクセス）

厚生労働省「保育所保育指針解説」平成 30年 2 月〈https://www.cfa.go.jp/assets/contents/node/basic_page/field_ref_resources/eb316dce-fa78-48 b 4-90cc-da85228387c2/f4758db1/20231013-policies-hoiku-shishin- h 30-bunkatsu-1_24.pdf〉（2024.8.10最終アクセス）

久保山茂樹・齊藤由美子・西牧謙吾・當島茂登・藤井茂樹・滝川国芳「『気になる子ども』『気になる保護者』についての保育者の意識と対応に関する調査—幼稚園・保育所への機関支援で踏まえるべき視点の提言—」『国立特別支援教育総合研究所 研究紀要』36、2009年、pp.55–76

文部科学省「幼稚園教育要領解説」平成30年 2 月〈https://www.mext.go.jp/content/1384661_3_3.pdf〉（2024.8.10 最終アクセス）

中島正夫「保育所と幼稚園における発達障害がある子ども・『気になる子』の状況について」『椙山女学園大学 看護学研究』6、2014年、pp.23–31

中谷奈津子「地域子育て支援拠点事業利用による母親の変化—支援者の母親規範意識と母親のエンパワメントに着目して—」『保育学研究』52、2014年、pp.319–331

野村朋「『気になる子』の保育研究の歴史的変遷と今日的課題」『保育学研究』56、2018年、pp.70–80

緒方宣挙「『気になる子ども』への保育者の対応に関する研究の動向」『大阪総合保育大学紀要』14、2019年、pp.69–83

斎藤愛子・中津郁子・粟飯原良造「保育所における『気になる』子どもの保護者支援―保育者への質問紙調査より―」『小児保健研究』67、2008年、pp.861–866

徳広圭子「地域子育て支援拠点における支援者の質的向上に関する研究―支援者のインタビュー調査を中心に―」『岐阜聖徳学園大学短期大学部紀要』53、2021年、pp.35–43

渡辺顕一郎・工藤英美・近棟健二・金山美和子・奥山千鶴子・亀山麻衣子・中條美奈子「令和3年度子ども・子育て支援推進調査研究事業『地域子育て支援拠点事業における障害児等支援に関する調査研究』」〈https://www.cfa.go.jp/assets/contents/node/basic_page/field_ref_resources/bfc73764-a0f7-4bbb-b04b-e63e11829e14/bc3e9f7f/20231016_policieskosodateshienchousasuishinchosar03-01_h08.pdf〉（2024.8.10 最終アクセス）

安川由貴子「地域子育て支援拠点事業の役割と課題：保育所・保育士の役割との関連から」『東北女子大学・東北女子短期大学紀要』53、2015年、pp.79–88

第7章　園から小学校、将来へとつながる英語教育を目指して
～園の行事と連携した効果的な英語レッスンの探究～

第1節　幼稚園・保育園における英語教育の現状

1　幼稚園・保育園、小学校の英語教育

　小学校では第3学年より外国語活動が、第5学年より外国語科の授業が全国的に実施されています。幼稚園や保育園の場合、このような小学校英語教育の状況とは異なり、英語教育を実施しなければならない、という必然性はありません。しかし、実際には英語の時間を設け、園児が英語を聞いたり、発話したり、外国の文化に触れる機会を提供しており、そのような園の数は10年前（2014年）と比べ増加しています。

　このような「英語の時間」は担任ではなく、外部の非常勤講師に委託することが多い現状があります。一方では、園での生活時間を主に英語で過ごすバイリンガルクラスや、「インター」と呼ばれるインターナショナル幼稚園・保育園も年々増えています。

　本章では幼稚園・保育園での英語教育について述べますが、ここでは日本語主体で行う保育を提供している園で行われる「英語レッスン」について述べることとします。

2　幼稚園・保育園で英語教育を行う理由

　園が英語のレッスンを設定する理由として、早期英語教育の重要性を園や地域の教育委員会等が「早い段階から英語に触れさせておきたい。」、「園児にとって音声面（リスニングや発音、発話）でメリットがある。」

と認識している、また保護者からの要望で「小さいうちに英語に触れさせたい。」「英語に強い子どもに育てたい。」、「小学校で英語教育が始まる前に英語の準備をさせたい。」といった、幼児期の英語教育を希望する保護者の期待や要望も影響しています。中には、英語プログラムの存在の有無で子どもが通う園を決定する保護者も存在し、その質や内容、さらに実施環境、私立の幼稚園においては園児募集の目的で、充実した英語プログラムを提供しようと取り組むなど、様々な状況が存在します。

第2節　幼稚園での英語プログラム

1　背景

（1）筆者が勤務していた幼稚園の状況

　筆者は長年、私立幼稚園で英語非常勤講師として勤務していました。そこでは毎週20分間の英語プログラムが年少・年中・年長クラスで実施され、英語の非常勤講師（ネイティブ講師と筆者）が週ごとにレッスンを担当しました。担任は園児が落ち着いて英語のレッスンを受けられるようサポートを行い、時には一緒にレッスンに参加することもありました。これは園児が英語のレッスンを受ける環境を整え、前向きにレッスンに参加し、英語の学びをより充実させる目的でこのような体制をとり、工夫しながら進めていた背景があります。

（2）筆者が勤務していた園の英語教育の目的

　こちらの幼稚園での英語教育の目的は、①園児が「英語」に慣れ親しむこと、②園児が「異文化」に慣れ親しむことという2点です。
　より詳しく述べると、①の園児が「英語」に慣れ親しむこと、とは

（ⅰ）園児が英語の音声に聞き慣れること

（ⅱ）園児が英語を言う（発音する）ことに慣れること

（ⅲ）園児が英語を聞き、答えることに慣れること

があげられます。英語のレッスンでは講師が使用する言語は英語であり、講師の英語をよく聞き、園児はその内容を理解しようとし、さらにその指示内容を「理解し行動できるようになる」こと、が「幼児期の終わりまでに育ってほしい姿」と、認識していました。

　一方、②の園児が「異文化」に慣れ親しむこと、とは

（ⅰ）日本とは異なる文化について見たり、聞いたりすること

（ⅱ）日本とは異なる文化を体験すること

があげられます。

（3）目的に沿った英語のレッスン

　英語のレッスン時間に、園児は様々な活動を体験し、英語講師を通じ、異文化について見たり、聞いたりします。例えば、英語の絵本を開き、講師が読み聞かせをする際に、絵本のイラストを指差しながら "What's this?" と園児に質問をします。すると園児は講師の指差すイラスト、つまり異国風のイラストを見て、そこに出てくる登場人物の表情やしぐさが日本のイラストとは異なり、また絵全体の色づかいも異なることに気づくことでしょう。

　このように絵本の細部からも、園児は視覚的に異国の文化を見たり、感じたりします。またストーリー内に出てくる展開が、異国情緒あふれる文化的な内容である場合、例えば親子がハグをし、寝る前におやすみのキスをほっぺやおでこにする場面では、「英語の絵本の読み聞かせを通じ、園児は異文化に触れている」と言えるでしょう。中には、「自分

の家では寝る前にキスはしないよ。」と、異なる文化について思考を巡らす園児など、異文化に触れることで自国の文化との対比を考える園児の存在も考えられるかもしれません。

より明示的な異文化体験として、ハロウィンやクリスマスなど外国の行事を扱うレッスンがあげられます。講師の英語を聞き、色画用紙でジャック・オー・ランタンの表情を描いたり、カボチャをくり抜いて実際にジャック・オー・ランタンを作ったりする活動を通じ、「園児は異文化を体験している」と言えるでしょう。他にも、「マザー・グース」などの英語の遊び歌や海外の食事の話、海外の遊びを体験することにより、園児はレッスン内でも異文化を体験し、国際的な感覚を次第に養い、異文化に寛容な心を育みながら、視野を広げていくことが期待されます。

2 園の行事と英語レッスンの年間指導計画

（1）園の行事と英語の年間指導計画

筆者の勤務していた園では、英語レッスンにおける年間指導計画を園の教育カリキュラムや行事を中心に設計し、両者を連携させながら英語の授業計画を作りました。

以下に、ある年の年間行事計画と大まかな英語のカリキュラム（**表1**）を示します。年少・年中・年長クラスでは、扱う語彙の範囲や表現の複雑さは異なりますが、テーマはおよそ月ごとに共通して設定しました。4、10、2月は園の行事に向けた練習のため、また8月は夏季休暇のため英語のレッスンは実施しませんでした。

表1　幼稚園での主な年間行事と英語レッスンの年間指導計画

	園の行事	英語レッスン		園の行事	英語
4 月	始業式・入学式		10 月	運動会	
5 月	いちご摘み、つばめの観察	Numbers, Colors, Animals	11 月	遠足、秋みっけ	Nature, Insects
6 月	プール遊び	Weather, Actions, Fruits	12 月	クリスマス会	Christmas
7 月	七夕祭り	Food, Drink	1 月	お正月、餅つき	New Year's Day, Valentine's Day
9 月	虫取り	Sports, Halloween	3 月	卒園式・修了式	Closing

筆者作成

（2）園での年間行事から英語のレッスンへ

　表1を見ると、5月は全園児がいちご摘みに出かけることがわかります。そこで英語のレッスンでは、講師がいちごをテーマとするレッスンを組み立て、"What's this? It's a strawberry." "How many strawberries are there? Let's count them! One, two, three...." と園児に問いかけ、英語でやり取りを行います。続いて、いちごの絵本や春のイラストに描かれたいちごを指差しながら、"Did you pick strawberries?"、"How many strawberries did you pick?"、"Were they sweet?" など、園児が摘んだいちごについて、講師が英語で質問をしたり、"What color is this?" と、いちごの色を尋ね、red、green、white などの会話を行うことも可能です。

　このような英語でのやり取りの中で園児は、自分が体験した「いちご摘み」と、英語のレッスンで学んでいるいちご、数、色が同じ内容に関する話だと気づき、より英語の理解度が増します。これは自分が経験した内容と英語の時間に学んでいる知識（内容）が一致することにより、英単語や英語の表現も、園児にとって「リアルなもの」つまり言葉がより真実味を帯びるものとなって意味をなし、より記憶に残りやすくなると考えられます。

（3）効果的な英語レッスンの工夫

園での保育内容と英語のレッスンを全て関連させることはできませんが、少し工夫を施し、園の行事や出来事と関連づけたレッスンプランを立てることにより、園児の英語を学ぶ負荷が減り、園生活ですでに詳しく学んだ知識や内容と「英語」を容易に結びつけることができるようになります。

こうすることで、園児が英語を学ぶためのハードルが下がり、英語の言葉や音の理解が効果的に進み、外国語である英語をよりよく吸収することが可能になることでしょう。

もちろん、英語のレッスン内で新しい事柄に出会い、新しい体験をすることで外国語を理解することも第二言語習得の上では大切なことです。しかしながら、園児の経験が浅いことや、日本語による保育時間が英語の時間よりもはるかに長いことを考慮すると、園での行事をうまく活用し、第二言語習得に活かす手段を考えることで、より効率の良い形で「第二言語習得」、つまり英語教育を推し進めることが可能となります。

特に、これらは園と指導者が協力することでできる工夫の一つであり、指導計画を作る際に実践いただければと思います。ちなみに対象園での英語レッスンに関する詳細は、森本・黒川の論文（2021）に記載されています。

3 レッスンの構成

（1）工夫を凝らす英語のレッスン

1回あたり20分間の英語レッスンは大人から見ると短いものですが、元々集中力の持続時間が短い園児にとって、短時間でできる多様な英語活動をいくつも取り入れることで、園児を飽きさせず英語に触れさせるための最良の方法である、と子どもの発達段階や第二言語習得を考慮に入れた点からも言えます。

筆者が園での授業を計画する際に心がけていたことは、「園児がワク

ワクするような楽しみが含まれるレッスンにすること」でした。この年代の子どもたちは正直で、集中力が途切れ「つまらない。」と判断すると、その気持ちを躊躇なく態度で指導者に示します。指導者にとっては悩ましい原因となりそうですが、正直な園児の気持ちの表れです。それを真摯に受け止め、そうならないための予防策として、様々な園児を夢中にさせる活動を熟慮し、レッスンに臨みたいところです。

（2）英語レッスンの指導略案

　ここで**表1**の6月にあたる、年長児対象の1回分の英語レッスン指導略案（**表2**）を紹介します。この時期はプール遊びが始まり、園児も先生も天気に敏感な時期となります。そこで、英語のレッスンではswimを含む動作を表す語彙の習得、天気に関係した話題を取り上げた絵本の読み聞かせを行い、動作と天気を学習ポイントに据えて授業を展開します。

　レッスンは英語で進行し、各活動における指導者の発話（以下、T）と、予想される園児の発話（以下、複数の園児はSs、1名の場合はS）を示します。（　）内の数字は必要な時間（分）、下線部は単語を入れ替え何度か繰り返す箇所で、「...」は短い沈黙を表すこととします。

　次時のレッスンでは今回扱った言語材料と、もう一つのテーマであるフルーツに関する学びを取り入れたレッスンを行うことになります。

表2　年長児対象の英語レッスン指導略案

	指導内容	言語材料、ターゲット文、予想されるやり取り等
導入（3）	あいさつ	T: Good morning, everyone. Ss: Good morning, Morimoto sensei. T: How are you today? Are you happy?　Ss: Yes! T: Are you angry today?　Ss: Yes! / No!
展開（16）	英語の歌	T: Let's sing "Skip to My Lou". （Skip to My Lou を歌う）
	動作の新出語を学ぶ	T:（動作のカードを見せて）What's this? What's he doing? S: Swimming? T:（ジェスチャーをしながら）Swim. Ss: Swim. T:（次の動作カードを見せて）How about this? Ss: Jump! T: That's right.（ジャンプをしながら）Jump! Ss: Jump. 〔walk, run, eat, write, paint, cook, sleep, fly, drive を学ぶ〕
	新出語を使って"___ to My Lou"を歌う	T: Now, let's sing the same song again. But with these actions.（カードを見せて）"Swim to My Lou", "Drive to My Lou". Can you sing? Ss: Yes! T: Let's sing! （カードを見せながら、替え歌バージョンで歌う）
	園での行事に関するスモールトーク	T: I think you have a swimming lesson this month. Do you swim?（泳ぐ動作をする）S: Yes. T: Can you swim fast?（速く泳ぐ動作をしながら）Very fast? Ss: Yes. T: Very very fast? Ss: Yes! T: Or do you swim slowly...（ゆっくり泳ぐ動作をする）...like a turtle? Ss: No!　S: Yes!
	天気に関する語彙を学ぶ	T:（晴れのカードを見せながら）It's sunny. When it's sunny, swimming is good! Do you like swimming when sunny? Ss: Yes! / No! T: How about this?（雨のカードを見せて）It's rainy. Please repeat "rainy". Ss: Rainy. T: Good. Do you like swimming when rainy? Ss: No. T: How about...（雪のカードを出して）snowy. Do you like swimming when snowy? Ss: No! / Yes!
	天気に関する絵本を読む	T:（絵本を出して）Let's read a book of "the Weather". Please look at the picture of this book.（絵本のイラストを指指して）How's the weather? Ss: Sunny. （*絵本の読み聞かせの進め方については、ここでは省略） T: The end. Did you enjoy reading this story? Do you like this book? Ss: Yes. / No.
まとめ（1）	終わりの あいさつ	T: It's time to finish "English Time". Good bye, everyone. Have a nice day! Ss: Good bye! T: See you next time!

筆者作成

第3節 子どもたちの将来を見据えた英語教育につなげるために

1 小学校英語への接続

2020年度より小学校における英語教育は新たな展開を迎えました。先述した通り、これまで行われてきた第5学年、第6学年対象の「外国語活動」は、第3学年と第4学年で週1時間実施されることになり、第5学年、第6学年では教科化された「外国語科」の授業が週2時間行われ、評価も伴うことになりました。

幼稚園と小学校の英語教育における接続（以下、幼小接続）において、実際には第1学年、第2学年で英語活動的な授業を実施している地域もありますが、本項では外国語活動の開始学年である第3学年との接続を考えます。

第3学年では外国語活動の教材である『Let's Try! 1』（文部科学省，2018）の流れに沿って授業が進行します。そこで扱う言語材料や学習内容は、色、数、動物、好み、スポーツ、食べ物、飲み物等、初めての英語学習者が日常生活で身近に使う表現が多く含まれ、比較的取り組みやすい内容から始まり、これらの言語材料は、実際に園の英語のレッスンで扱う範囲や言語材料と一致するものが多く含まれています。

2 園から将来へとつながる英語教育

（1）インタビューとその結果

当該園の卒園児である2名の小学生（A、Bは異なる学年。3年間、園で英語を受講）に、幼稚園での英語レッスンを振り返るインタビューを実施（表3）し、以下の回答を得ました。

表3 卒園児にたずねた園での英語レッスンに関する質問

① 幼稚園の英語レッスンで楽しかったことは何ですか。
② 幼稚園の英語レッスンで学んだ内容のうち、小学校で役に立ったと思うことは何ですか。

筆者作成

①の質問である「幼稚園の英語で楽しかったこと」に関し、A児は「絵本を読むこと。めくる部分で何が出てくるのかワクワクした。」「みんなでやった時計のゲーム。時刻を聞いて逃げたことが楽しかった。」と答え、B児は「触るとふわふわする絵本を読んだことと、ハロウィンの（イラストの）プリントをもらったこと。あとは色を見つけて触るゲーム。」と答えました。

②の質問である「小学校で役に立ったと思うこと」については、A児が「色をタッチするゲーム。小学校でも色を学んで、よくわかった。英語の歌も小学校で歌った時に、役に立った。」、B児は「色、数、指示の言葉。歌に合わせてスキップをして、泳いだり（動作を）したこと（**表2　展開部分での最初の活動**）。その時に使った"Let's stop! Let's go! Walk! Run! Sing!"とかの言葉は、小学校で先生が使う（指示の）言葉と同じだったから。」と答えました。

インタビューの結果、園児の心に「楽しい」と心に残る内容は、担任による「通常の保育とは異なる形式」のもの、特にそれらを見たり、触ったり、受け取ったりした特別な経験、さらにゲームで楽しかった活動が、小学生になっても「幼稚園の英語で楽しかった思い出」として記憶に残る、ということです。さらに小学校の英語活動においても役に立つ英語とは、色や数などの小学校外国語活動でも学ぶ名詞をはじめとする語彙に加え、動作を表す言葉や指導者が使う指示文（"Let's start!"、"Please come here."等）も小学校の英語の授業内でも指導者が頻繁に使用するため、「役に立った。」と感じたことが窺えます。このことから、園での

英語のレッスンに色や数など第3学年で学ぶ名詞を取り入れ、繰り返し使うこと、さらに基本的な指示文も英語で意図的に行うことが、円滑な幼小接続の一助となる、と言えます。

（２）園から未来へとつながる英語教育

「園での英語教育を何となく実施している」、または「委託した相手に任せてしまっている」という話も耳にします。もしかすると「英語がわからない。」という理由で、英語の講師に任せてしまっている場合があるのかもしれません。しかし、園児にとって「英語を話す人との初めての出会い」が園での英語のレッスンである場合も多いのです。

園での英語教育が、実は園児の将来につながり、未来を切り開くためのスタート地点になるとは思わずに、英語教育を進めてしまっている場合もあるかと思います。しかし幼稚園・保育園での英語教育が、国際人の育成につながることを指導者は念頭に入れ、日々のレッスンに真摯に取り組む必要があります。

園での英語教育が幼小接続により、効果的に子どもたちに働き、小学校へと受け継がれ、子どもたちの未来の可能性を広げる鍵になれば、と願ってやみません。

国際的に進んでいく英語教育のイメージ

筆者撮影

【引用・参考文献】

池中雅美「石川県内の幼稚園における英語活動の現状と英語活動の位置づけに関する一考察—石川県の幼稚園へのアンケート分析をもとに—」『北陸学院短期大学紀要』38、2006年、pp.257–266

和泉伸一『第二言語習得と母語習得から「言葉の学び」を考える—より良い英語学習と英語教育へのヒント』（アルク選書）アルク、2016年、p.344

Nicola K. 2014. Weather - My Pop-Up World. Egmont Books Ltd.

長谷川淳一「幼稚園における外国語（英語）活動の調査結果報告」『桜美林大学研究紀要. 総合人間科学研究』2、2021年、pp.243–252

ベネッセ教育総合研究所「第4回 幼児教育・保育についての基本調査」〈https://benesse.jp/berd/jisedai/research/detail_240708-1.html〉（2024.7.20最終アクセス）

松家鮎美「幼稚園英語教育についての一調査—教育効果に及ぼすネイティブ講師の指導と担任のサポート—」『岐阜女子大学紀要』48、2019年、pp.37–43

森本敦子・黒川愛子「体の動きと幼児とのやり取りを大切にした English Time からの一提案—帝塚山幼稚園における実践から—」『帝塚山大学教育学部紀要』2、2020年、pp.40–49

文部科学省「小学校学習指導要領（平成29年告示）」『幼稚園教育要領解説（平成29年告示）』〈https://www.mext.go.jp/a_menu/shotou/new-cs/1384661.htm〉（2024.7.20最終アクセス）

文部科学省『Let's Try! 1』東京書籍、2018年

第8章　幼児教育の実習評価に関する一考察
～フィンランドにおける実習評価との比較から～

第1節　はじめに

1　日本の保育・幼児教育における資格制度の概要

　保育職における免許・資格制度において、幼稚園教諭については1947（昭和22）年に制定された学校教育法第81条に「教諭は、幼児の保育をつかさどる。」と定めてあります。保育士については1948（昭和23）年に児童福祉法が制定され、働く人は保母資格取得証明書が必要となりました。これが保母資格です。また、1999（平成11）年には、女性のみではなく男性も資格取得が可能になり「保母」「保父」ともに性別による名称の違いのない「保育士」へと呼称が変更になりました。さらに、保育教諭については、「幼保連携型認定こども園」で保育にあたる職員の総称として創設されました。現在、幼児教育・保育にあたる者の免許・資格としては、幼稚園教諭免許と保育士資格の二つがありますが、幼保連携型認定こども園で働く「保育教諭」はこの両方を有することを原則としています。

2　保育・幼児教育の実習の内容とその評価について

　保育・幼児教育における資格免許取得についてはその専門性の「質保証」の観点から現場での実習が必須となっています。また、保育者養成について、他国との比較からその専門性と養成のあり方をとらえることは「質保証」の観点から有意義ととらえられます。特にフィンランドは、

教育の質が高くその水準は世界トップクラスとして知られています（後述）。本稿では、日本の保育士・幼稚園教諭養成における「質保証」のあり方を考えるヒントを得るために、幼稚園教諭養成においてその「質」がどのように保証されているのかを、フィンランドの教育実習の内容とその評価と日本の幼稚園における教育実習の内容とその評価の比較を通して考察を試みます。

　本稿は、4年制大学、短期大学部ともに保育士・幼稚園教諭を養成するA短期大学部とフィンランド、エスポー市にある幼児教育の教員養成のために実習生を受け入れている保育・幼児教育施設B園での実習の内容とその評価、実習生を送り出しているC大学との比較を基に養成校における実習内容のあり方を探るものです。

第2節　日本の幼児教育実習について

1　幼児教育実習について

　幼児教育実習（以下、教育実習とする）は、幼稚園教諭免許状を取得するために、「教育職員免許法」および「教育職員免許法施行規則」に基準が示され、単位習得が要求されている必修科目です。その法的根拠にしたがい、計画・実施する必要があります。

　幼稚園教諭は、学校教育法第27条で「幼児の教育をつかさどる」と規定され、幼稚園教諭になるには幼稚園教諭免許状が必要で、大学院修士課程で習得する専修免許状、4年制大学で取得する一種免許状、短大や専門学校で取得する二種免許状の3種類があります。また、いずれも教育実習5単位が必要となります。

　教育実習では、大学で行う教育実習に係わる「事前及び事後の指導」と、学外（園）での「実習」を合わせて5単位を修得することになっていま

す。これを在学中のいつにするのか、集中して行うのか、分散するのか
は大学（養成校）の判断に任されるところです。

　日本での教育実習の歴史は、1949（昭和24）年に教育職員免許法が制
定されたときに始まります。その後、1988（昭和63）年の免許法の一部
改訂により、「教育実習の事前・事後指導」が単位化されました。

　教育実習の実習期間は、一般的には約4週間であり養成校により1度
に、4週間続けて実習をする場合と、2週間ずつや1週間と3週間に分
けて実習をする場合などがあります。

　実習に臨むにあたり、教育実習生には学内で行われる事前指導があり、
実習の心構えやマナー、実習日誌の書き方などを学ぶほか、実習先とな
る園の行事予定等を確認し、指導案を作成します。

　そして、本実習では実際に現場に出て実習を行います。まず観察から
始まり、次に保育・教育に参加、最終的には責任を持って園児の指導を
行うことを目標とします。現場の担当者からは指導を受け、園での実習
が終わると、大学へ戻って事後指導を受けることとなります。自身の活
動を振り返り、課題を明確にして以降の学びに繋げることになります。

2　A短期大学部における実習の内容および評価について

　ここでA大学についてですが、教育学部を4年制大学に持ち小学校教
諭、保育士・幼稚園教諭を養成し、短期大学部においても保育士・幼稚
園教諭を養成しています。次に、A短期大学部における教育実習につい
て述べたいと思います。

　A短期大学部では教育実習Ⅰの2週間を大学に隣接する大学付属幼稚
園で行い、教育実習Ⅱを地域（多くは学生の出身地域）の幼稚園で行っ
ています。教育実習Ⅰについては、以下に示す教育実習Ⅱに関する同様
の内容をその都度学校の実習担当教員が出向くか、園の担当指導者を学
校に招くかして説明が行われています。

　教育実習Ⅱでは実習園への依頼を行い、指導および評価に関すること

とし、以下のように定めています。

（a）実習園責任者の方への依頼

・実習生の担当指導者を決めること

・園の経営方針等を理解させること

・園の教育目標やそれを達成するための教育課程等を用いて園の教育方針や教育内容を理解させること

・実習録、評価表の点検の依頼

・事前に送付した①学生調書と②実習成績評価表、③出勤表、④実習録の4点の学校への返送の依頼

（b）実習生の指導担当の方への依頼

・個々のクラスについての説明・運営方針の説明とその他現況について年間指導計画等を用いて理解させること

・保育実践や指導計画案作成については、月の指導計画や週の指導計画を用いて指導助言を行うこと

・実習録の点検・指導を行うこと

・評価表の記入を行うこと

（c）勤務に関すること

・出勤表捺印

・欠勤する場合の実習園および大学実習センターへの事前の連絡

・実習中の学生に関わる急病・怪我。事故が発生した場合の実習センターへの連絡

3　教育実習Ⅱの内容について

（a）実習の意義

　教育実習Ⅱの意義は、幼稚園教諭養成課程の一環として、本学の付属幼稚園における初歩的・基礎的実習（教育実習Ⅰ）をふまえたうえで、より一層広く豊かな実習を体験させ、幼稚園教諭として必要な知識・技能を教育実践と結び付けて身に付けさせることである。

(b) 実習の目的

　実習において習得した教科全体の知識・技能を基礎として、これらを総合的に実践する応用能力を養うため、幼児に対する理解を通じて幼児教育の理論と実践の関係について習熟させることを目的としている。

𝟒　教育実習の指導計画

(a) 教育実習Ⅰ

　観察実習、参加実習、責任（部分）実習を段階的に経験する。実習の内容は**表1**のとおり。

表1　実習の形態と内容

形　態	内　容
観察実習	一日の保育の流れの観察・記録 遊びと生活習慣の観察・記録 保育者の援助の観察・記録 幼児の行動の観察・記録
参加実習	自己紹介(自己表現) 素話 生活習慣の指導
責任実習	遊びの部分案の作成 遊びの部分実習

出典：A短期大学部「実習の手引き」を参考に著者作成

(b) 教育実習Ⅱ

A 短期大学における実習の過程と内容・研究課題を**表2**に示します。

表2　実習の過程と内容・研究課題

過　程		内容・研究課題
実習への基礎的準備		1 教育実習の意義と心得に関すること
		2 教育実習の内容と方法に関すること
		3 観察に関すること
		4 保育実践に関すること
		5 教育実習の評価に関すること
		6 教育実習の勤務に関すること
実習への基礎的準備		1 教育実習の意義と心得に関すること
		2 教育実習の内容と方法に関すること
		3 観察に関すること
		4 保育実践に関すること
		5 教育実習の評価に関すること
		6 教育実習の勤務に関すること
実習内容	観察に関すること	1 実習園の環境整備の観察
		2 幼稚園教諭の職務内容と役割の理解
		3 幼児の園内生活の観察
		4 幼児の心身状況の観察
		5 幼児の指導方法の観察
	保育実践に関すること	1 保育指導案の作成
		2 指導実践による指導技術の習得
		3 保育に関する実務能力の習得
		4 保育の展開
研究課題		1 実習園の環境整備について
		2 幼児の実態について
		3 幼児の指導方法について
		4 保育指導案について
		5 保育者の仕事について

出典：A 短期大学部「実習の手引き」を参考に筆者作成

5　実習の評価・単位の認定

単位の認定にあたっては、教育実習Ⅰ、Ⅱ共に教育実習成績評価表（**表3**）・実習録・出勤表を基に、本学の単位認定者が総合的に判断する。

表3　教育実習評価

教育実習Ⅱ成績評価表（サンプル）

A短期大学部

実習園名	園長名　　印	指導者名　　印
	㊞	㊞

学籍番号	実習生名	実習期間

出席状況	出席		欠席	日 < （病気）　日 （事故）　日	遅刻	回　無届（　）
					早退	回

評価項目 Ⅰ～Ⅲについて、それぞれ5段階で評価をお願いします。		評価（該当欄に○）				
		5	4	3	2	1
Ⅰ、総合評価						
Ⅱ 実習能力	1　子どもを理解し、愛情をもって受容している					
	2　子どもに適切な話しかけや接し方ができる					
	3　子どもの活動や実態を正しく観察し、記録できる					
	4　子ども全体に目を配り名がら、個別・集団指導ができる					
	5　指導案の立案・導入・指導の手順は適切である					
	6　健康・安全・衛生への配慮をもって実践できる					
Ⅲ 実習態度	1　明朗快活で人によい印象を与える					
	2　実習生としてのきまり事を守り、礼儀正しく、言葉遣いや身なりが通りである					
	3　実習の意義理解し、目的をもって実習を行う					
	4　園の規則に従い、保育者としての倫理観を持ち実習を行う					
	5　指導者の助言や注意を素直に受け入れ、職員や他の実習生と協力して行動する					
	6　時間に正確で、積極的に仕事を行い、最後まで責任をもってやり遂げる					

①　優れている点

②　今後補うべき点

③　その他

評価日：　　　　年　　月　　日

※評価基準
5.非常に優れている　　4.優れている　3.普通　2.やや劣る　1.不適格である

出典：A 短期大学部「実習の手引き」を参考に筆者作成

第3節 フィンランドにおける実習の内容と評価について

1 フィンランドのプレスクール（就学前教育）について

2001年の経済協力開発機構（OECD）のPISA調査（国際学力調査）で、フィンランドの学生の学力と教育レベルは世界一と評価されています。フィンランドの教育制度は保育制度など社会情勢（社会政策や家族政策そして近年では保育政策）と深く関連しており、福祉国家の枠組みと連動して発展をしてきました。

フィンランドの幼児教育は、社会保健庁（Ministry of Social Welfare and Health）の管轄下で、0～6歳までが対象のパイヴァコティ（保育と教育の両面の機能を併せもつ日本のこども園のような施設）は1973年の保育法（Act on Children's Day care）施行と共に整備されてきました。2004年には保育のナショナルカリキュラムを策定。2007年から各自治体は、パイヴァコティを教育行政の中に組み入れるのか社会福祉の枠に置くのかの選択をしていくこととなりました。2013年より国家レベルで教育文化庁（Ministry of Education and Culture）の管轄に移行し、2015年には、保育法から新しい幼児教育法（Act on Early Childhood Education and Care）として、改訂がなされました。保育に係る一連の法改正は、子どもの権利を改めて確認する機会となるとともに、さらに6歳児が一年間だけ通うプレスクール（就学前教育）の義務化を可能にしました（フィンランドの就学年齢は満7歳）。2000年に制度化され、任意だった就学前教育は、2015年8月より義務化され、2014年に策定された新しいナショナルカリキュラム（The new National Core Currculum for Pre-primary Education）が2016年より施行されました（Finnish National Board of Education, 2016）。Finnish National Agency for Education（フィンランド国立教育庁）作成のガイドラインは日本の保育所保育指針や幼稚園教

育要領にあたります。この他、就学前教育ガイドラインなどもあります。「乳幼児期は、生涯にわたる学びのスタートであり人格形成の基礎となる」という認識が、教育の共通のねらいとして、小学校以上の各教育課程のナショナルカリキュラムにも盛り込まれています。幼児教育の新ナショナルカリキュラムで重視されるのは、遊びを重視し、「社会性の獲得」や「学習への準備」ということで、知識を教えるようなことではありません。

2 フィンランドのB幼稚園における実習内容と評価について

B幼稚園の就学前教育と、実習生の受け入れとその評価について、約2時間にわたって聞き取りを行いました。

日時は2024年2月29日の10時から12時の間で、調査には園の統括責任者、プレスクール担任、プレスクール准看護師の3名が立ち会いました（以下の内容において、聞き取り時に提示された資料等の翻訳における内容の一部省略や意訳が含まれることをご了承ください）。

（a）園の概要

・B幼稚園はヘルシンキ市に隣接するエスポー市内で三つの幼稚園を運営しています。訪問先には49人の児童が在園（6歳までの児童）。プレスクールには12名、4歳から5歳が15名、2歳半から4歳が12名、2歳から3歳が10名です。

・プレスクールには、二つのオプションがあります。一つは、幼稚園でのプログラム（主に首都圏や子どもたちが多い地域）、もう一つが、小学校（初期教育学校）内でのプログラム（主に地方地域）で、B幼稚園でも受け入れています。

（b）クラス担当

職員として、初等（幼児）教育教師、保育士、社会教育士の資格を持った人が配置基準として在園しています。クラスには必ず1名の初期教育教師がいなければならないとのことです。ただし、プレスクールの初期教育教師は、大学（6年）で修士課程を修了した者が必置されることに

なっています。プレスクール以外のクラスでは、3年間の社会福祉課程を修了した者、幼稚園教師教育課程（3年）を修了した者でも担当できます。園では、1名の修士課程を終えた初期教育教師が担当しており、そのもとに、准看護師資格を習得するために学んでいるインターン1名が子どもたちのケア（援助）に取り組んでいます。

　園の統括責任者の話によると、フィンランドでは、小学校以上の教員には修士以上の資格要件が求められますが、近年は就学前教育を行う教員にも修士以上が求められる傾向があるとのことです。

(c) プレスクールのプログラムについて

　基本的には一日4時間、午後は小学校に入学するための準備としてのプログラム（フィンランド語学習など）が組まれています。ただし、午後のプログラムに子どもが参加するかどうかは、それぞれの親が決定するとのことです。プログラム内容は、あくまでも国のカリキュラムに沿って、市が提案するカリキュラム、そして、それらに基づいてそれぞれの幼稚園が決定するとのことです。

　B幼稚園では主なプログラムとして、以下のように定められています。

月曜日	フィンランド語での読み書き
火・水曜日	英語力を伸ばす内容、芸術（アート）の時間
木曜日	音楽の先生が来て教える
金曜日	森に出かけて自然の中で遊ぶ

　プレスクールの学期が始まる前（秋）に、親と一緒にそれぞれの子どもに対する教育目標、方針を決め、それを春の学期終了時に評価します。評価内容は、子どもが通う小学校の先生にも伝えられます。

(d) 実習の評価について

　三者（養成校の教員、幼稚園の実習担当者、本人自身）による評価が行われます。園の統括責任者の話によると、フィンランド社会は信頼関

係が重要であり、それぞれの評価に対して信頼を置いているとのことです。もし、その信頼を損なうことがあれば、その学生の将来は難しくなります。また、修士課程の学生をインターン（実習生）として受け入れる場合は、その幼稚園に、修士課程を修了した教師がいなければなりません。B園では、2024年に2人のインターンを受け入れました。園の総括責任者の話では、実習プログラムが終わる時には、その学生は教師として幼稚園で働ける基準となっていなければならないとのことです。

（e）その他

　フィンランドのカリキュラム（運営指針）は10年ごとに改正される予定です。ただし、社会状況等などで、変更される可能性はあります。

（f）園での支援計画

　園では子どもの支援計画を定期的に年1回作成します。フィンランドの年度初めは8月から始まるので、9月には親との協力で作成し、翌年度の4月に評価・見直しが行われます。これは公的な書類で、場合によっては親の同意を得て他の機関と情報の共有が行われます。それぞれ個別の状況を判断して作成され、目標が早期に達成されると次の目標が設定されるとのことです。

第4節　実習を依頼している養成校であるC大学について

1　C大学における実習の内容のついて

　B園に実習生を依頼しているC大学はヘルシンキ市内にあり、教育学部、工学部、看護学部、福祉学部などの学部を持つ総合大学です。

　教育実習において実習中、学校の担当教員はすべての学生を指導訪問（約1時間）します。そして、学校の担当教員、学生、実習の現場の担

当教員（場合によっては現場のスーパーバイザーなどが入ることもある）の３人で面接が行われます。訪問は必要に応じ、リモートで手配されることもあるとのことです。はじめに、学生は事前オリエンテーションに参加し、実習先に関する情報を受け取った後、職場に連絡し、職場のルールを理解し、それらに従うとともに、相互に合意した事項と社会分野の専門的原則に従います。次に、学生は実習期間中、実習記録を書きます。実習記録の形式は自由で、教師に返却されないとのことです。また、学生は実習期間の目的と課題について理解し、実習の一般的な目的と包括的な理論的宿題を考慮して、実習期間の学習目標を設定します。さらに、学生は実習期間の初めの情報セッションと、終わりの最終ディスカッションに参加し、指示に従って学習課題を実行し、自主的に指導を受け、実習に関連して提供された指導とフィードバックも受けます。そして、学生は実習（コース単位）の目的、学習課題、時間モニタリングシートの使用、評価、およびコースオリエンテーション中の学生の責任について通知されます。指導教員は実習期間中、学生と実習監督者に連絡することができ、書面による課題の評価を担当します。

2　実習の実施計画

C 大学では実習計画を以下のように定めています。

・学生と実習指導者は、実習期間に関する書面による実施計画を作成します。計画には、学生、目標、主な作業課題、指導のガイドライン、実習に関連するその他の必要な事項、実習に関する実践的な指示が含まれます。

・実習期間は120時間です。１日６時間とし約20日間実習が行われます。

・実習中の指導は、配置先スーパーバイザー（職場）および指導教員の責任となります。

・機密保持。実習期間中に取得したすべての情報は、厳重に機密保持されます。

・職場実習コース単位の評価。

　実習期間中の評価対象は、理論と実習の対話で行われます。つまり、学生が自分の仕事で理論的知識を使用する能力と、学生の専門性と倫理性が評価の対象となるのです。また、実習での目標指向作業に加えて、筆記課題も評価の対象となります。筆記課題では、学生は実習の目標と実際の課題に関連して、仕事の理論的基礎に関する知識を示します。評価は継続的に行われ、現場での指導／評価ディスカッション、専門的な反省が特に強調される学生の自己評価、指導教員、学生、実習監督者間の指導ディスカッションで行われます。

3　実習課題について

　学生に課される課題はAとBの二つです。

（a）課題 A

・個人目標の設定と評価

　学生は個人の実習計画に基づいて自分の目標を立て、それを達成するための計画について話し合いを行い、目標は実習期間を通じて設定されます。課題Aでは、社会教育目標フレームワークが使用されます。

　実習の最後に、学生は実習期間中に目標と目標がどの程度達成されたかを自己評価します。

（b）課題 B

・日常生活における個人とコミュニティのサポート

　学生は実習の役割について考え、中心的な社会教育原則に関する作業方法について考えます。

（あ）　社会教育の観点から、配置先の活動（考え方、作業方法、理論的に裏付けられた方法の使用）を簡単に説明します。以下の質問を使用して、ディスカッションの焦点を絞ります。

・対象者／コミュニティの日常生活はどのような要素で構成されているか

・どのような要素が彼らの幸福に影響を与えているか

・どのような状況で対象者はサポートやガイダンスを必要としているか

・『的確な』教官に対する理解はどのように発展したか

　上記の質問を使用して、自分の考えを理論的に裏付け、主観性のサポート、ライフマネジメント、参加、対話、創造性、共同性、機能性などの中心概念と作業方法について話し合います。

（い）　対象者／コミュニティのニーズに関する知識を活用し、特定の対象者のニーズに対処するためのガイダンス計画を作成します。対象者をサポートする計画策定の際には、特定の「適格な」共感と多様性に関連する目的を使用し、対象者とともにそれらを達成する計画を説明します。計画を実行し、目的と目標がどの程度達成されたかを評価します。

（う）　対象者との成功したやり取りを振り返ります。自分の役割は何だったか、何を学んだか、「適格な」共感はどのように発達したか、言語的および非言語的コミュニケーションの両方を観察します。異文化コミュニケーションのニーズ、多様性に対する感受性の要件を考慮し、さまざまな状況（対象者と仲間など）で必要な対話スキルについて熟考します。

　　　　これらから教師は、

・日常生活でサポートと指導を提供する学生の能力

・職場コミュニティのメンバーとして機能する学生の能力

・学生の強みと発展分野

　などの視点で、監督者からのフィードバック、カウンセリングの話し合い、および学生が作成した書面による課題を評価します。

4　C大学が提示している実習の枠組み

　社会教育学では、職場での教育的（教育と学習）観点と社会的観点の融合が重視されています。実習は、コミュニティまたは居住環境での監督、カウンセリング、サービスの調整、管理業務で構成されています。

社会福祉学士は、幼児教育、児童保護、家族活動、青少年活動、高齢者関連の施設で働きます。また、薬物乱用の防止や精神衛生の促進にも取り組みます。この社会福祉学士の学位は、幼児教育に従事する資格として与えられます。

第5節　フィールドスーパーバイザー（現場の実習担当者）

　以下（a）から（g）の内容は、現場の実習担当者から示された資料に基づき筆者が訳したものです。

（a）インターンシップにおける学生の個人的な学習目標と、それを達成するための計画を立案する。

・プレイスクールの環境と空間の使い方に触れる。

・毎日のスケジュールを理解し意識する。

・教師と子どもの良好な関係を築く（ファシリテーターとしての教師の役割を理解する）。

・各活動の背後にある教育学の感覚を学ぶ。

・グループのニーズとそれぞれの子どもの個々のニーズを理解し、それらをどのようにバランスさせるかを理解する（主な計画を理解し、子どものニーズに合わせて柔軟に対応する）。

・教育コミュニティ（家族、子ども、教師など）内の関係を理解し、良好な関係（信頼、尊敬、平等など）を築き支援する。

（b）インターンシップ中の学生の主な仕事：遊びのための環境構成を行い、社会性、学習、運動能力を養うための支援を行う。

・日常生活の支援、教師の支援：活動に必要な教材の準備、学習に適した環境の整備（騒音レベル、子どもたちの感情のコントロール、ルールの注意喚起など）。

・主な活動の目標と目的を理解し、評価する。

・子どもたちが助けを必要とするときはいつでも支援する（衣服、手の届かないおもちゃ、けが、衝突など）。

・校外学習をする子どもたちの興味に沿った支援（自分の興味のある活動を提案）。

（c）指導実施計画（指導の話し合いのスケジュールなど）

　初日−歓迎、スケジュールの紹介、子どもたちとの面会。

（d）学生の日次／週次インターンシップ勤務スケジュール

　月曜日から金曜日：9.00-15.00

　9.30-10.30 朝のアクティビティ・遊び/10.30-11.45 屋外アクティビティ/11.45-12.10 メディテーション（静かに過ごす）・マッサージ/12.10-12.50 ランチタイム・休憩/12.50-13.20 ストーリー・本・お昼寝タイム/13.20-13.50 遊び・アクティビティ/13.50-14.50 自由遊び/14.50-15.10 感謝・午後のサークル/15.10-15.30 おやつ/15.30-17.00 公園タイム

（e）その他の特別情報インターンシップ

　学期が進むにつれて、大学の教師と現場の監督者は計画の実施状況を追跡する。必要に応じて、修正や仕様が追加されることがある。計画の実施状況は、教師の指導訪問中、および学生と現場監督者との最終話し合い中に評価される。インターンシップの完了後、計画は指導教師に提出される。

（f）評価基準

　実習期間の終わりに行われる評価ディスカッションの前に、実習監督者が評価表に記入する。この表はディスカッションの際の参考とされる。

（g）評価領域

　以下の内容が挙げられます。

（あ）日常生活における生徒のサポートと指導能力

　学生（実習生）は、学校で子どもたちが必要としているもの（安全、耳を傾けられること、穏やかで支援的な環境）を特定して提供し、子ど

もたちの発達のためのツールを提供できることが基準とされる。

（い）責任感

（う）対話スキル

（え）自分自身と活動コミュニティの職場の満足度の維持

　学生は子どもたちに対して非常に責任感があり、自分たちのルーティーンが何であるかを常に認識し、常にすべての子どもたちの責任ある保護者であることを意識する。

（お）学生（実習生）の長所と発展の余地

　学生は子どもたちに対して非常に前向きな態度を示し、その環境にいることを楽しみ、学習に対する自然な興味を示し、交流する子どもたちに学習に対する自身の情熱を共有することができる。

第6節　まとめ

　フィンランドにおいて教師になるための教育は、厳しい選抜を課すことでその質の高さを維持してきました。幼稚園教諭については、小学校教諭に比べてハードルが低く、それが待遇の低さに繋がっているのではないかと考えられていて、幼稚園教諭についてもさらにハードルを上げた方がよいのではないかという議論もみられます。先に挙げた園の統括責任者の発言では、フィンランドでは、小学校以上の教員には修士以上資格要件が求められていますが、近年はプレスクールを行う教員にも修士以上が求められる傾向があることからも、教育を担う人材をいかに確保するかという点が、重要な問題と認識されていることが明らかになりました。フィンランドには、小学校入学前の1年間は保育士ではなく、幼稚園教諭の資格を持ったスタッフが保育をするエシコウルと呼ばれるプレスクールがあり、2015年8月から義務教育化されたことからも、幼児教育がいかに重視されているかがうかがえるでしょう。

実習評価に関しての特徴としては、フィンランドのB園とC大学と学生（実習生）の実習期間中の評価対象が、理論と実習の対話、つまり、学生（実習生）が現場で理論的知識を使用する能力と、学生（実習生）の専門性と倫理性を本人、現場担当者、大学の実習担当教員との対話の中から適格／不適格を判断していくことが挙げられます。実習評価において園の実習担当者に任される比重は大学よりも大きいようです。もちろん、A短期大学においても事前指導、実習本番、事後指導の中で、学生（実習生）と実習担当教員がメールや面談などで実習内容の確認を行います。実習本番では実習訪問指導が行われ、学生（実習生）、現場の実習担当者、学校からの実習訪問指導者との面談と実習内容の確認が行われます。また、実習終了後に実習園から評価表が送付され、実習録と共に再度振り返りが行われ、最終的に評価が行われます。この時、評価表には、5.非常に優れている、4.優れている、3.普通、2.努力を要する、1.保育者として不適格であるの5段階評価がつけられます。この評価はもちろんフィンランドのC大学が基準としている理論、実践、専門性、倫理観が含まれた内容となっています。

　保育者養成は幼児教育の専門性を高める要でもあります。フィンランドの幼児教育は、前述のとおり幼児期を人生にとって最も重要な時期ととらえ、「乳幼児期は、生涯にわたる学びのスタートであり人格形成の基礎となる」という認識を教育の共通のねらいとして、小学校以上の各教育課程のナショナルカリキュラムにも盛り込んでいます。幼児教育の新ナショナルカリキュラムは、遊びを重視し、「社会性の獲得」や「学習への準備」のために、知識を教えるようなことではありません。

　日本では、保育を取り巻く環境や社会情勢、保育士に求められる役割の変化等に対応して改訂された「保育所保育指針」が、約10年ぶりとなる2018年（平成30年）4月に施行されました。同時にその内容の整合性を図るため「幼稚園教育要領」「幼保連携型認定こども園教育・保育要領」の改訂も行われました。保育所保育指針総則によると幼稚園は、「家庭

との連携の下に、子どもの状況や発達過程を踏まえ、環境を通して養護及び教育を一体的に行うところ」であり、保育所、幼保連携型認定こども園と共に、幼児教育の一翼を担う教育機関でもあります。幼稚園教諭養成における「質保証」のあり方を諸外国の実践から考えるヒントを得て、日本に合った幼児教育の実践を進めることが大切であると思われます。

【参考文献】

小川恭子・坂本健編著『実践に活かす社会的養護Ⅰ』（シリーズ・保育の基礎を学ぶ3）ミネルヴァ書房、2020年

フィンランド大使館「フィンランドの子育て支援」〈https://finlandabroad.fi/web/jpn/ja-finnish-childcare-system〉（2024.8.24最終アクセス）

厚生労働統計協会編『国民の福祉と介護の動向2023/2024』（『厚生の指標』2023年9月増刊）厚生労働統計協会、2023年

現代保育問題研究会編『保育をめぐる諸問題Ⅱ』（現代保育内容研究シリーズ4）一藝社、2019年

現代保育問題研究会編『保育をめぐる諸問題Ⅲ』（現代保育内容研究シリーズ5）一藝社、2022年

現代保育問題研究会編『保育・教育の実践研究−保育をめぐる諸問題Ⅳ』（現代保育内容研究シリーズ6）一藝社、2023年

The Finnish National Agency for Education National core curriculum for early childhood education and care（フィンランド国立教育庁　ナショナルコアカリキュラム　幼児期向け教育とケア）〈https://www.oph.fi/sites/default/files/documents/National%20core%20curriculum%20for%20ECEC%202022.pdf〉（2024.8.24最終アクセス）

◆執筆者紹介（執筆順）

山﨑英明（やまざき・ひであき）・・・［第1章］
　目白大学助教

川口潤子（かわぐち・じゅんこ）・・・・・・・・・・・・・・・・・・・・・・・・・・・・・・・・・・・・・・・［第2章］
　白百合女子大学准教授

田﨑教子（たさき・のりこ）・・［第3章］
　帝京大学教授

永井勝子（ながい・かつこ）・・［第4章］
　福岡こども短期大学教授

村上凡子（むらかみ・ぼんこ）・・・［第5章］
　和歌山信愛大学教授

小田真実（おだ・まみ）・・［第6章］
　山口県立大学特任教員（助教）

藤田久美（ふじた・くみ）・・［第6章］
　山口県立大学教授

横山順一（よこやま・じゅんいち）・・・・・・・・・・・・・・・・・・・・・・・・・・・・・・・・・・・・［第6章］
　山口県立大学准教授

永瀬開（ながせ・かい）・・［第6章］
　山口県立大学准教授

森本敦子（もりもと・あつこ）・・・［第7章］
　高野山大学専任講師

佐久間美智雄（さくま・みちお）・・・・・・・・・・・・・・・・・・・・・・・・・・・・・・・・・・・・・［第8章］
　東北文教大学短期大学部教授

現代保育内容研究シリーズ⑨

現代保育と教育の理論と実践

2024年11月29日　初版第1刷発行

編　者　現代保育問題研究会
発行者　小野道子

発行所　株式会社 一藝社
〒 160-0014 東京都新宿区内藤町1-6
Tel. 03-5312-8890　Fax. 03-5312-8895
E-mail：info@ichigeisha.co.jp
HP：http://www.ichigeisha.co.jp
振替　東京 00180-5-350802
印刷・製本　株式会社丸井工文社